Amores que deram certo

PE. ZEZINHO SCJ

Amores que deram certo

Amor que não deu certo

Paulinas

Dados Internacionais de Catalogação na Publicação (CIP)
(Câmara Brasileira do Livro, SP, Brasil)

Oliveira, José Fernandes de
   Amores que deram certo, amor que não deu certo / (José Fernandes de Oliveira) Pe. Zezinho . – São Paulo : Paulinas, 2016. – (Coleção ministério pastoral)

   ISBN 978-85-356-4196-7

   1. Amor 2. Amor - Aspectos religiosos - Cristianismo 3. Amor - Filosofia 4. Casais - Relações interpessoais 5. Casamento - Aspectos religiosos - Cristianismo I. Título. II. Série.

16-05462   CDD-248.83

Índice para catálogo sistemático:
1. Amor : Aspectos religiosos : Cristianismo   248.83

1ª edição – 2016

1ª reimpressão – 2019

Direção-geral: Bernadete Boff

Editora responsável: Andréia Schweitzer

Copidesque: Mônica Elaine G. S. da Costa

Coordenação de revisão: Marina Mendonça

Revisão: Sandra Sinzato e
Ana Cecilia Mari

Gerente de produção: Felício Calegaro Neto

Projeto gráfico: Irene Asato Ruiz

Capa: ©honcharr - Fotolia.com

Paulinas

Rua Dona Inácia Uchoa, 62
04110-020 – São Paulo – SP (Brasil)
Tel.: (11) 2125-3500
http://www.paulinas.com.br – editora@paulinas.com.br
Telemarketing e SAC: 0800-7010081

© Pia Sociedade Filhas de São Paulo – São Paulo, 2016

Sumário

2. Matrimônio, sexo e ternura

3. Capazes ou incapazes de amar?

À guisa de prefácio

Os muitos anos ouvindo os cônjuges ensinaram-me que cônjuge que não se corrige corre o risco de acabar na solidão, porque o cônjuge que sofre do outro a brutalidade, o desprezo, a falta de abraços e de beijos, de conversa amiga, o excesso de bebida, de comida e, por vezes, o abuso do cigarro e da droga, acaba cansado e perde a paciência.

A parte ferida se tranca no silêncio ou fica tentada a ir embora. E, às vezes, nunca mais pensa em amar qualquer outra pessoa. São dois amores desperdiçados. Quem feriu o outro raramente se arrepende. E quando se arrepende, o outro tem medo de se arriscar de novo porque para ele ou para ela foi amor que não deu certo.

1

Amar bem
e amar direito

"Dou-vos um novo mandamento"

Foi Jesus quem disse...

"Pela dureza dos vossos corações deixou ele escrito esse mandamento; porém, desde o princípio da criação, Deus os fez macho e fêmea. Por isso deixará o homem a seu pai e a sua mãe, e unir-se-á a sua mulher, e serão os dois uma só carne; e assim já não serão dois, mas uma só carne. Portanto, o que Deus ajuntou não o separe o homem" (Mc 10,5-9).

"Filhinhos, ainda por um pouco estou convosco. Vós me buscareis, mas, como tenho dito aos judeus: Para onde eu vou não podeis vós ir; eu vo-lo digo também agora. Dou-vos um novo mandamento: Que vos ameis uns aos outros; como eu vos amei, que também vós ameis uns aos outros. Nisto todos conhecerão que sois meus discípulos, se vos amardes uns aos outros" (Jo 13,33-35).

O discípulos disseram...

"Nós o amamos porque ele nos *amou primeiro*" (1Jo 4,19).

"Porque eu mesmo poderia desejar ser anátema de Cristo, por *amor* de meus irmãos, que são meus parentes segundo a carne" (Rm 9,3).

"Porque já sabeis a graça de nosso Senhor Jesus Cristo, que, sendo rico, por *amor* a vós se fez pobre; para que pela sua pobreza enriquecêsseis" (2Cor 8,9).

Disse o Papa Francisco...
Três palavras-chave

Na sua recém-publicada exortação apostólica *Amoris Laetitia*, que fala dos casais e das alegrias do amor, o Papa Francisco ensina:

> O amor de amizade unifica todos os aspectos da vida matrimonial e ajuda todos os membros da família a avançarem em todas as direções... Por isso, os gestos que exprimem este amor devem ser constantemente cultivados, sem mesquinhez, cheios de palavras generosas. Na família "é necessário usar três palavras: com licença, obrigado, desculpa! Três palavras-chave" (n. 132).

Quem tem família e amores bem construídos, sabe do que o Papa está falando.

Poema de quem não sabe

Algumas coisas sobre a vida eu sei, mas sei que sei muito menos do que deveria saber, e mesmo que eu quisesse saber tudo eu seria incapaz de saber tanto.

Meu conhecimento da vida será sempre limitado e eu saberei viver este limite. Jamais direi que sei o que não sei. Jamais tentarei ensinar aquilo de que não estou seguro.

Se eu errar, humildemente me deixarei corrigir e, se tiver que me retratar, eu me retratarei. Pedirei desculpa a quem eu ensinei errado. Saberei voltar atrás na minha pregação, se descobrir que enganei os meus ouvintes.

Sobre Deus é muito mais o que eu não sei do que aquilo que sei. Sobre Deus é muito mais o que nossas igrejas não sabem do que aquilo que elas sabem.

Nossa Igreja diz isso humildemente no seu Catecismo, parafraseando Santo Tomás de Aquino. Deus é ainda mais do que o que achamos saber sobre ele.

Conservarei a devida humildade de admitir que não sei nem mesmo o suficiente sobre Deus. Tentarei aprender cada dia mais. Não ficarei em frases decoradas e bonitinhas, daquelas que todo mundo repete e joga na internet. Tentarei ir mais fundo e ser mais profundo. Por isso meditarei e lerei o quanto puder para ter um pouco da sabedoria de outros irmãos que estudaram e estudam mais do que eu.

Conservarei a devida humildade de saber que não sei o suficiente sobre a vida, sobre Deus, sobre o ser humano, sobre a vida na Terra. Dias atrás fiquei sabendo de uma ave que pega os ossos de grandes animais mortos ou frutos endurecidos e os joga de mil metros de altura, para que quebrem nas pedras e, assim, possa comer-lhes o tutano.

Quem ensinou isso a ela? Não é um ato de inteligência? Então por que achamos que só nós somos inteligentes, quando há humanos matando o outro por causa de um papel colorido, um sapato novo ou uma medalha de ouro?

Admitirei que meu povo não é o melhor nem é o pior em tudo. Saberei amar meu povo sem diminuir os outros. Saberei amar minha família sem diminuir as outras. Saberei amar-me sem diminuir os outros.

Sei muito pouco sobre Deus, sobre a vida e sobre o ser humano. Se puder aprender mais, é isto o que farei. E se descobrir que não fiz esforço suficiente para aprender mais, dobrarei daqui por diante os meus esforços.

Eu quero saber mais sobre a obra de Deus para amá-lo melhor. Espero que isto me converta de uma vez por todas e me torne mais capaz de amar os outros, porque nem mesmo isso eu tenho feito direito!

O suave e difícil verbo amar

No mundo inteiro a palavra *amar* reveste-se de um significado mais elevado. Estamos falando da melhor parte do ser humano. Quando o amor é genuíno, seja ele humano ou divino, é sentimento que atinge a pessoa no seu âmago, acaba moldando-a e preparando-a para a plenitude, incluindo outra pessoa e as pessoas que nasceram desta união.

O amor verdadeiro é sempre qualificante e pleno, e é sempre revolucionário. Muda as pessoas para melhor. A palavra *amar* aparece na Bíblia incontáveis vezes, e é interessante notar que sempre aparece no contexto de aperfeiçoamento da pessoa e de relações profundas e duradouras.

Quando se refere ao amor de Deus, não poupa adjetivos e até mesmo não os encontra. Não há como expressar este sentimento a contento. Sem dúvida é o verbo mais qualificativo de todos os verbos que existem; acrescenta até sentido ao verbo viver. É a razão fundamental pela qual o ser humano foi criado e continua sendo criado e evoluindo. É o caso de dizer: o amor está em tudo, permeia tudo e chama tudo para a plenitude. Por esta razão, todas as vezes – entre os católicos – que se pronunciar a palavra *amar*, deve-se falar de algo sagrado.

No Evangelho, percebe-se que a razão fundamental da ação de Cristo foi a de ensinar o ser humano a conviver consigo mesmo, uns entre os outros e com Deus. O que se pode traduzir pelo verbo amar, João define de maneira magistral: "Deus amou tanto este mundo que enviou a ele o seu próprio Filho" (Jo 3,16). E Jesus deixa o assunto ainda mais claro, quando diz: "Amai-vos uns aos outros, como eu vos amei" (Rm 12,10; Jo 13,34). O supremo mandamento é o amor, não há nada mais importante neste mundo. Quem sabe amar e se sente amado, é feliz; quem não sabe e não se sente amado, não é feliz.

O verbo casar é muito bonito, mas soará apenas como acasalar-se se os dois não souberem acrescentar a ele os verbos amar, conviver, renunciar e perdoar.

Acasalar-se é um ato animal e humano, mas amar, dialogar, perdoar, doar-se, encantar-se e aprender são atos matrimoniais de quem se entregou de verdade.

Um matrimônio depende muito do que sobrou daquela entrega diante do altar. Se a entrega foi pequena, o matrimônio será breve. Funcionará como vela malfeita e de pavio fino e frágil. Apaga ao primeiro vento que entra pela janela!

Se amar fosse fácil!

Se amar fosse fácil! O que eu sei é que 99% dos amores dariam certo; nenhum marido procuraria outra mulher; nenhuma mulher procuraria outro homem; nenhum casal abortaria; nenhum dos cônjuges abandonaria os filhos; ninguém trairia ninguém; 99% das esposas e esposos estariam felizes no seu lar; adolescentes não passariam dos limites nos carinhos; nenhum pregador atacaria a outra igreja; nenhum político caluniaria o seu oponente; ninguém cobraria mais caro do que a mercadoria vale; ninguém roubaria ninguém e nenhum ancião seria abandonado. E os animais seriam bem tratados.

Mas como amar é difícil, as pessoas escolhem o caminho mais fácil.

A ditadura dos intérpretes

Sem interpretação ninguém vive. E o amor deve ser bem interpretado. Sem intérpretes ninguém vive. A vida e o amor só fazem sentido se forem devidamente interpretados. Mas há um *porém* que envolve a interpretação da vida e do amor. Mal interpretados, machucam e até matam. Os especialistas em interpretação da vida e do amor sabem que há um limite para a ciência, para o símbolo e para a religião. Somos todos daltônicos e meio cegos diante da vida e do amor. Nossa interpretação pode não traduzir aquilo que pensamos realmente ser!

Cientistas, filósofos, psiquiatras, psicólogos, religiosos, políticos, fanáticos são humanos e podem partir de premissas erradas e chegar a conclusões erradas, simplesmente porque são humanos.

Quando falamos da "Ditadura dos intérpretes", estamos falando de todas as ditaduras do mundo: religiosas ou políticas, científicas ou até econômicas. Alguém decide que "é isso" e quem ousar perguntar se não poderia ser de outro jeito, em alguns países, corre o risco de ser fuzilado ou queimado vivo. Um intérprete diz que só se cospe pelo lado esquerdo da boca, e só se bebe vinho branco com determinado tipo de carne, e só se veste determinada cor naquela estação. E milhões de súditos param de questionar. E garantem que é porque é! Quando se vai ver, foi um intérprete que decidiu que assim seria!

O amor vai muito além disso. Exige mais interpretação do que apenas a do casal, apenas a da mulher, apenas a do homem ou apenas a dos filhos, do sogro ou da sogra. Por isso é que se fala dos vários ângulos do amor. Nenhum nó cego, mas muitos laços suaves.

Amores que dão certo

Eles foram sempre um casal bonito. De corpo e de alma. A Zenir e o Júlio, o Júlio e a Zenir. Trocavam responsabilidades e cada um tinha o seu papel de presidente do lar. Tiveram oito filhos, todos bonitos, sadios, tremendamente simpáticos e encantadores, como os pais! Conheci-os ainda jovens e não exagero quando digo que eram bonitos em tudo. Bonitos, religiosos, queridos, trabalhadores, comprometidos com a vida, com a família, com a comunidade.

Rindo aqui, chorando ali, apertando aqui e dando liberdade ali, criaram uma das famílias mais admiradas na região de Brusque, Santa Catarina. Quando o livrinho da festa me caiu em mãos, eu prometi que, assim que tiver tempo, irei cumprimentá-los pessoalmente pela vitória do seu amor. Cinquenta anos de amor sereno e forte, mais prazer do que dever, calcado na fé e na esperança, cheio de verdade e de confiança, e, ainda por cima, recheado de canções no lar e na igreja. Não é coisa fácil nem comum.

Lembro o riso, a hospitalidade deles, as corujas, a nata e os quitutes da Zenir, as crianças rindo de mim no chiqueiro e no riacho, a preguiça e o charme da Raquel, a alegria da Ana, a liderança da Nadir, a maturidade do Arnildo, a certeza do Luís Alberto, a determinação de Waldemiro, a sociologia da Ida, a dedicação da Áurea e o jeito de cada um, que não era jeito único: eram bons em quase tudo. Discutia-se de tudo, desde catequese e teologia até sociologia e filosofia. E todos se encaminharam para alguma profissão que envolve relações humanas, inclusive quem ficou na terra, plantando com os pais, que nunca abandonaram o gosto pelo chão de Deus. Por mais difícil que fosse, seguraram o seu trabalho. Dali viera o sustento dos lindos filhos que Deus lhes dera. Não dava para não gostar deles dois e dos seus frutos. Agora que chegaram os netos, ficaram ainda mais amorosos. E eu que achava isto impossível!

Foi um casamento que deu certo. Cunhada e irmão de meu bom e justo colega Padre Renato, parentes de vários padres, católicos sinceros e atuantes, ecumênicos sinceros, arranjavam tempo para tudo o que deles se pedia. E tinham oito filhos! Levavam as crianças junto, mas igreja era coisa séria. Você não pode prometer e depois não ir. Eram católicos de ir! Não caíram em nenhum modismo religioso. Tinham solidez e sabiam que forma de catolicismo queriam. Os filhos também sabem. Não são vistos onde se crê ao sabor dos ventos e da pregação do momento. Sofrem, enfrentam a dor com classe e sabem que, se deu certo com os pais, dará certo com eles. São gente de fé sólida e transversal! A fé os norteia.

Casamento que dá certo é céu na terra. O de Júlio e Zenir tem sido um deles. A canção *Oração pela família*, que, traduzida pelos missionários, já chegou a mais de 80 países no mundo, nasceu em 1990, em um retiro onde 110 jovens debateram a vida em família, à luz da encíclica de João Paulo II: *Familiaris Consortio*.

Três vezes antes e depois, eu fui ver os dois. E eles eram tudo de bom do que se disse no retiro. O clima estava criado. Deu no que deu. A primeira a ouvir e cantar foi a Dica, a sexta filha. Mas o casamento deles também deu no que deu. Louvado seja Deus que fez os dois. E os oito!

Amor que não deu certo

Era para ter dado certo. As alegrias, os risos, o sexo atrevido, os êxtases, as viagens, tudo o que vocês sentiam um pelo outro, as luzes, a festa, os primeiros anos, tudo parecia dizer que seria para sempre. Era o que vocês diziam e até se gabavam disso junto aos amigos. Viviam dizendo que seu matrimônio era meio a meio. Os dois venciam e nenhum levava vantagem.

Então, exatamente, o que foi que aconteceu, para que vocês em seis anos acabassem onde acabaram, que nem se ver desejam mais?

Não houve exatamente um por quê. Mais precisamente, foram as exatidões e as precisões fictícias do seu relacionamento que deram fim ao que foi bonito, mas deixou de ser à medida que vocês teimavam em empatar em tudo e mais tiravam do que davam um ao outro. Foi uma união utilitária que se media pelo toma lá, dá cá. Quando um começou a não poder dar mais o que dava, vieram as reclamações do tipo: "Eu faço e você não faz".

A verdade é que desde o começo não houve renúncia. Vocês transformaram seu casamento em barganha. Eu dou um, você dá um. Eu dou dois e você dá dois. Dirigiram sua união como se dirige uma firma. Só que nem lá as parcerias são de 50% + 50%. É sabedoria vencer de pouco e perder de pouco e cada qual aceitar o mais ou o menos do outro com o respeito de sempre.

No caso de vocês, os dois não aceitavam o "mais" a favor do outro, por menor que ele fosse. Sempre que um tinha que renunciar mais, reclamava. Vocês não perceberam, mas o que estragou seu casamento foi o conceito de mais-valia. Toda vez que um recebia menos, protestava. Toda vez que um achava que o outro estava lucrando mais da relação, protestava. Foi tudo medido à canequinha.

O erro estava ali. Quantificaram e metrificaram demais a sua relação. Se é verdade que ninguém pode perder sempre nem vencer o tempo todo, também é verdade que, se alguém perder por algum período e mais vezes em seguida, demonstra que não quantificou sua relação.

Em geral um casamento dá certo quando os dois, ao invés de quantificar, qualificam o que fazem. Se for preciso, aceitam perder algumas vezes em seguida, pelo bem do outro. É melhor do que a falsa medida do "um para mim, outro para você", "minha vez, sua vez"... Vocês quiseram a igualdade absoluta e o direito de 50% para cada lado. A vida não funciona assim. Uma laranjeira não dá 50% de laranjas de um lado e 50% do outro. O pé de couve não produz o mesmo número de folhas para cada lado. Nem tudo na vida é "esquerda e direita". Às vezes é preciso dar duas direitas e uma esquerda, ou três esquerdas e uma direita para se chegar ao destino.

Vocês mediram demais. Ninguém lhes ensinou que a justa medida não significa medidas iguais. Na mesa quem tem mais apetite precisa de um prato e meio e o outro talvez se satisfaça com dois terços do prato. Querer a mesma medida é injusto. Justo é que os dois se satisfaçam com o mais ou o menos que conseguirem juntos. Em alguma coisa, um é mais, noutra é menos. Seu casamento todo medido, acabou desmedido.

Se voltarem a se querer e a se buscar, se tentarem modificar a quantidade pela qualidade, talvez possam entender que, às vezes, a mulher perde mais, às vezes o homem. Mas não pode ser "segunda eu, terça você, quarta eu, quinta você, sexta eu, sábado você", e os domingos se alternando em primeiro e terceiro, segundo e quarto. Dá certo num restaurante, mas não numa família.

Amor que permanece,
casamento que não funciona

A Igreja não incentiva nem apoia o divórcio. Mas não é insensível a situações insuportáveis dentro de um lar. Há casos em que a separação de um casal pode ser necessária. Nos seus livros de moral e nos seus pronunciamentos, a Igreja deixa bem claro que o matrimônio deve ser fundamentado no respeito do homem pela mulher e da mulher pelo homem, e de ambos pelos seus filhos.

Quando acontece um grave desequilíbrio em que a mulher deixa os filhos em abandono total, ou o homem deixa os filhos e mulher em situação humilhante, ou quando um deles é agressivo, a ponto de pôr em risco a vida do outro ou dos filhos, ou quando, por desequilíbrio, um atenta contra a vida ou a honra do outro, ou quando os filhos correm grave risco moral, então o parceiro inocente deste matrimônio tem o direito de pedir separação de teto ou a separação matrimonial.

A Igreja não considera isso um divórcio. Ela admite que a separação às vezes é necessária, porque a vida é um bem maior e a honra e a dignidade dos filhos e do casal, um bem precioso. Maior do que o bem da vida é o bem da honra. Então, em alguns casos a Igreja permite que o casal se separe, e até aconselha. Mas não incentiva novo casamento. Este é um dos pontos de sofrimento da pessoa que foi vítima, porque, querendo construir sua vida com outra pessoa, esta, sim, amorosa, compreensiva, ouve das autoridades que a Igreja não pode desfazer este vínculo, se ele foi contraído com liberdade e consentimento mútuo.

O assunto é delicado e de tal maneira sério que a Igreja tem hoje tribunais, em todas as dioceses, para julgar cada caso. Em alguns casos verifica-se que a tendência ao erro já existia e, portanto, houve engano da pessoa. Há casos em que pode haver uma segunda união porque a primeira não era um sacramento.

Essas coisas têm que ser examinadas por peritos e pessoas que entendem de comportamento humano e de leis. Se o matrimônio de determinada pessoa não foi bem e ela teve que se separar, é conveniente verificar em algum órgão diocesano ou interdiocesano, que trate de assuntos matrimoniais, para ver se, de repente, não há possibilidade de uma nova união.

Vale a pena consultar. Muita gente nem sabia que poderia casar de novo e que sua primeira união era inválida. Consultou e descobriu que a Igreja não considera sacramento todas as uniões. Se for este seu caso, procure orientar-se. Se a resposta for não, pelo menos tentou saber e agora sabe por quê. Saber o que e por que ajuda mais do que imaginamos, mesmo que não tenhamos achado a solução que gostaríamos de achar!

Foram justos demais

Muitos parceiros de leito e de mesa foram justos demais e por isso foram injustos. Apostaram nas medidas justas e não deixaram espaço para o amor de gratuidade, aquele que não vive do "toma lá, dá cá". Quando descobrirem que não é "meio a meio" e sim "amor por amor", acharão a medida certa.

Recomecem o seu amor, se ainda existe alguma chama. Mas, dessa vez, por favor, deixem a traineira, a fita métrica ou a canequinha numa gaveta. O amor não vive de centímetros e minutos, e, sim, de aberturas inteligentes e sábias. Se insistirem em contar cada centavo, renúncia é que não será.

Aceitem perder algumas moedas para ganhar a fortuna de uma relação generosa! Lamento ter que dizê-lo, mas foi isso que faltou. Havia 1 x 1 demais na sua relação. Queriam empatar em tudo e tanto empataram que o jogo perdeu a graça. Se ainda se derem outra chance, aprendam a perder e, quem sabe, aprenderão a se querer!

Desconhecidos, mas felizes

Era uma vez uma estrela esquecida no firmamento, numa desconhecida galáxia, entre outros bilhões de estrelas. Não era famosa, não tinha nome, nenhum olho humano a vira e, se vira, nem notara. Nem mesmo os astrônomos percebiam sua existência. Mas tinha o seu próprio brilho. Desconhecida ou não, ela achava que valia a pena ser a estrela que era.

Era uma vez um pequeníssimo grão de areia que, perdido na vastidão do deserto, nunca fora visto nem notado por ninguém. Nem mesmo pelos grãos a cinco centímetros dele. Era apenas um minúsculo grão, mas gostava de ser quem era. O Criador não cria nada em vão. Um pequeno grão de areia tem mais força do que se pode imaginar. Pode causar pane numa nave espacial e abortar uma viagem estelar, se penetrar no ponto errado.

Era uma vez um fruto maduro no meio de milhões de frutos de uma enorme plantação de frutas. Nunca ninguém o notara. Corria o risco de ser colhido por uma máquina, moído e transformado em suco, e jamais ser visto por quem quer que fosse. Poderia também apodrecer no pé, sem ser colhido. A pior coisa para um fruto é não ser provado nem utilizado. Mas tinha lá seu sabor, seu suco e suas sementes. Colhido ou não, ele existia.

Era uma vez um homem chamado João e uma mulher chamada Tereza, com z. Nunca falaram num microfone, nunca cantaram nem falaram na frente do povo, nunca foram entrevistados, nunca ninguém repetiu ou escreveu um pensamento deles, nunca ninguém os filmou ou fotografou, nunca ninguém lhes pediu uma assinatura a não ser para cobrar alguma dívida, nunca ninguém lhes disse que eram bonitos ou maravilhosos. Mas tinham seu brilho próprio, gostavam de ser quem eram, acreditavam em Deus e diziam que um dia iriam para o céu conhecer seu Criador, porque Ele sabia quem eles eram. Como Deus não fabrica lixo nem faz ninguém à toa, eles tinham certeza de que alguma razão Deus tinha tido para tê-los criado.

Era uma vez o João e a Tereza com z; um casal desconhecido. Desconhecido, mas feliz! Os dois sabiam que Deus existe. E sabiam que Deus nunca os esqueceria.

Não estão e não são felizes!

Houve um tempo em que foram felizes. Mas algo não deu certo. Casamento, sacerdócio, profissão, amores... Hoje não disfarçam a insatisfação. Isto: não estão satisfeitos com pessoas, trabalho, vocação, lugares, família, comunidade! Tentaram mudar, mas não conseguiram. São mal-humorados. Alguns se sentiram injustiçados, ou mal-amados. O fato é que não são felizes. Não se ajudam e não aceitam ajuda. Psicologia, para eles, é palavrão. Mas, na verdade, é dor de alma o que eles sentem. Não podendo fazer nada por eles, oremos para que se reencontrem! É triste ser infeliz e teimar numa fórmula de governo ou de vida conjugal que não deu certo.

Desapaixonados...

Tenho dito a rapazes ou moças cujo amor não deu certo que o coração é livre para se apaixonar e para se desapaixonar. O que leva alguém a amar e, mesmo assim, se desapaixonar? Uma traição, possível mentira imperdoável, atos de violência, desrespeito, despeito, cansaço da convivência, defeitos nunca corrigidos, brigas intermináveis, mudança de foco, outra pessoa mais interessante, outro ou outra que passou a significar mais do que o cônjuge. O coração se dá e se toma!

Apenas um detalhe...

Desde que apareceram os primeiros humanos, homens e mulheres, e desde que homens precisaram de mulheres e mulheres precisaram de homens, a diferença os tornou cônjuges, parceiros e colaboradores, ou dominados e escravos.

Depressa, os homens descobriram as fraquezas das mulheres e as mulheres as fraquezas dos homens. E foram estas fraquezas que os tornaram capazes de amar ou de apenas se suportarem, de trair ou de, como lobos ou macacos, terem cinco ou dez a seu serviço sexual, porque eram mais fisicamente fortes.

Mas, dotadas de ardil feminino, as mulheres depressa aprenderam a prender seus homens de tal forma que não pudessem mais viver sem elas. Se o homem é forte e desejável como presença protetora, as mulheres são lindas, ardilosas e indispensáveis como observadoras e ricas da sabedoria dos detalhes.

Se o homem consegue fazer uma ou duas coisas por vez, as mulheres aprendem a fazer sete ou dez. Por isso, tornaram-se muito mais aptas para serem mães do que os homens aptos para serem pais. Descobriram o detalhe.

Quando um crente fala de amor

Leio as postagens da internet, ouço as pregações de algumas igrejas ditas modernas, leio também as diatribes de alguns pregadores católicos e percebo que muitos padecem de insuficiência de caridade, insuficiência de alma, insuficiência de inteligência, quando tentam impor sua maneira de crer em Deus, ou de amá-lo.

Lembra o filho que ama seus pais do seu jeito e seus pais sabem que são amados por ele, mas seus três irmãos o agridem porque não ama do jeito deles.

A lógica, errada desde o começo, é concluir que, quem não ama nem crê do meu jeito simplesmente não crê. Se vai à passeata com bandeira vermelha é porque não é de direita. Se passa perto de um grupo de verde-amarelo usando camisa vermelha é pichado. Ou se usa camisa verde-amarela num grupo usando vermelho, corre o risco de ser cuspido ou ferido. Se não ora como o grupo de Renovação Carismática ou não prega conforme a Teologia da Libertação, não está com a Igreja e com a ortodoxia. E se usa um crucifixo no peito, um pentecostal mais invocado acusa-o de idolatria.

Amar é outra coisa e outra atitude. A maioria desses "cristãos" padece do amor embolorado, como bolo que azedou porque os componentes não eram adequados ou porque não foi bem conservado. E insistem em chamar-se de progressistas ou conservadores. Na verdade padecem é de intolerância.

Quando o coração não crê

O assunto era mais para consultório de psicólogo do que para sala de atendimentos. E explico. O líder religioso não conciliava o amor que ele ensinava no púlpito com o amor que ele praticava. Atuava no templo, orava, lia sua Bíblia, preparava seus sermões sempre contundentes e cheios de citações bíblicas, mostrava um Jesus que muda os corações e operava milagres, mas quando recebia as pessoas era um grosso.

Brigava porque a cozinheira não tinha a comida pronta às 12h15, porque o café não estava quente a seu gosto, porque faltara a torrada com a margarina e o mamão e a laranja descascados. Era o caso de o povo dizer: "Quem te viu e quem te vê!". Gostava de pregar no púlpito e gostava de mandar na rua. Entre pregar e mandar, optava por pregar lá dentro do templo e mandar lá fora.

Psicólogo? Nunca! O que um psiquiatra ou psicólogo poderia fazer por ele, se ele estudara teologia moral e era especialista em conselhos? A palavra é coerência. Jesus falou isso a respeito dos fariseus e doutores da lei.

> Todas as coisas, pois, *que* vos disserem *que* deveis observar, observai-as e *fazei*-as; mas não procedais em conformidade com as suas obras, *porque* pregam o que não fazem (Mt 23,3).

O caso deste pregador é o mesmo que o da esposa ou do marido que pisa no cônjuge ou nos filhos quando as coisas não vão a seu talante. Seu talante não combina com o seu talento. Uma coisa é pregar e *desejar* um mundo melhor, e outra é *querer* melhorar o mundo ao seu redor.

Diga-se o mesmo dos políticos no governo ou nos ministérios. Uma coisa é o discurso de palanque e outra a caneta com a qual assinam suas "ordens". A coerência é uma das marcas de um bom líder. Mas que seja uma boa coerência, porque não é coerência dizer que vai roubar e rouba, que vai demitir e demite um funcionário que não votou no seu partido!

O amor passa pela coerência!

Quando a Igreja fala de relações

Os humanos são seres relacionais. Não sobrevivem sem isso. Da mais tenra infância até a mais avançada velhice, é impossível viver sem se relacionar. Jogado ao mar, deixado no deserto ou na selva em companhia de dois ou três humanos, homem ou mulher vai precisar da ajuda dos outros para sobreviver. E se estiver só, terá que se relacionar com pequenos animais. E é o que faz, sabendo evitar os que trazem perigo e acolher os que se mostram amistosos.

Faz a mesma coisa na cidade, às vezes, inimiga e perigosa. Procura companhia e escolhe alguém com quem queira e possa se relacionar. E há os que não sabem escolher e acabam envolvendo-se em relações fatais, como acontece com ratos, gatos, lebres ou cordeiros. Por isso os animais dependem do seu instinto para sobreviver: fogem de relações perigosas e escolhem as boas relações.

De certa forma, sobreviver é escolher. De certa forma, religião é questão de escolha e de relação. E algumas religiões ou alguns amores não são relações sadias, porque nascem de histerias ou de conceitos errados de vida, de amor e de fé.

Quando a Igreja fala de namoro

Quando, pois, a Igreja fala de namoro, de amor adolescente ou de amor entre pessoas maduras, fala de prudência e de entregas serenas e pensadas. O instinto imediatista e o impulso da carne ou da amizade não são bons conselheiros. Estar em amor (e-namorar) supõe um conhecimento razoável da pessoa que se oferece para entrar na sua vida, ou em cuja vida você quer entrar. Isto explica por que as mulheres se decepcionam mais do que os homens. A maioria das mulheres jovens ou maduras busca relações duradouras. E quando percebem que do outro lado não está um companheiro para a vida, sofrem mais do que os homens, que também sofrem quando, no caso deles, também queriam uma relação estável e duradoura.

O aumento de mulheres de 30 a 60 anos que permaneceram solteiras tem a ver com as escolhas das mulheres e dos homens. Nem sempre o possível cônjuge masculino quer união estável. Procura mais carne do que espírito! Já as mulheres admiram a beleza dos homens, mas nem sempre buscam a beleza e a estética: querem alguém fiel e companheiro. Elas querem cuidar deles e esperam que cuidem delas e de possíveis filhos.

Enamorar ou namorar supõe escolha e busca de fidelidade. E isto tem faltado numa sociedade onde é muito fácil dormir com alguém quase desconhecido depois de um jantar, uma festa, um baile ou uma viagem. Quando a fidelidade vem somente depois do "encontro que antecipa a sobremesa", um dos dois amou errado. Os dois precisam mostrar que seu amor tem substância e subsistência. Encontros imediatistas não têm nenhuma dessas duas virtudes.

Quando a Igreja fala de matrimônio

Mormente aos sábados, os católicos, evangélicos, perante seus líderes, sacerdotes ou diáconos, pronunciam o seu juramento de viver como cônjuges e ser fiéis por toda a vida. E os pregadores ou oficiantes insistem na pergunta: "É para toda a vida?". Os noivos, em geral, timidamente, dizem que sim. Mas isso, no altar. Porque o casamento não começa nem termina naquela cerimônia. Supostamente houve namoro, projetos, planos e preparação. Supostamente os dois mediram as consequências da sua escolha. Supostamente, a menos que um deles deliberadamente faltou aos deveres do lar, do leito e da mesa, a Igreja não libera ninguém desse juramento. Foi juramento, e não apenas promessa.

Mas a responsabilidade cai sobre o cônjuge que tornou a vida dos dois e da família impossível de convivência. Droga, bebida, violência, ameaças, ciúme insuportável, abandono dos deveres podem justificar a separação, mas mesmo assim na Igreja Católica é difícil uma segunda união diante do altar. Neste ponto os católicos são muito severos. E isto já levou muitos católicos a se proclamarem ex-católicos. Seu amor não deu certo e a Igreja não facilitou uma segunda chance. É que na Igreja Católica a pergunta permanece: "Foi para sempre ou por algum tempo?". A mesma pergunta é dirigida aos sacerdotes e aos de votos perpétuos. O resto é com o discernimento da Igreja e com a misericórdia de Deus. Ele viu, ele sabe, ele tem a resposta para cada coração!

Quando a Igreja fala de divórcio

As igrejas falam de casamento, mas também precisam falar de rupturas e de divórcio. As pessoas mudam e, por mais que prometam, nem sempre conseguem cumprir as juras de amor eterno. Perfeito e fiel, só Deus. Nós tentamos viver este projeto, mas o coração humano é imperfeito.

É por isso que as pessoas mudam de sentimento e de atitude. O divórcio é isso: mudança radical. Não deu para continuar. Também no caso do sacerdote, do pastor e da freira, nem sempre o coração prossegue nas suas promessas. Quando amar determinada pessoa parece impossível, a outra pessoa, mesmo cristã, pede divórcio ou separação.

Jesus foi exigente neste assunto. Endureceu o que já era duro na lei de Moisés, até porque para a mulher o divórcio era muito mais difícil. Na sua missão de mãe, numa sociedade patriarcal, era muito mais difícil ser mãe e esposa. Por isso Jesus foi duro também com relação aos homens.

A sociedade atual é bem mais leniente na questão homem e mulher que se divorciam. A criança terá que se ajustar porque nem sempre se pergunta se quer ficar longe do pai ou da mãe. No passado, jovem não tinha voz. Agora tem. Mas as crianças e os adolescentes continuam a ser colocados diante de fatos consumados. A Igreja Católica é muito atacada por sua severidade no quesito divórcio. Outras religiões aceitam com mais tranquilidade a dissolução de um casamento. Mas também há outras que, como os católicos, dificultam o divórcio. Quando a convivência torna-se impossível, cada caso é um caso. Como dissemos anteriormente, é questão de discernir. Se o caso é muito grave, a solução é bem mais clara. Quando é possível reparar, a Igreja aposta não na *separação*, e, sim, na *reparação*. Amor ferido pode ter conserto! Feridas muitas vezes cicatrizam! Também o coração humano!...

Quando a Igreja fala de segundas uniões

Poucos anos atrás, na pastoral familiar raramente se falava em pastoral das segundas uniões. Os padres e professores não davam o devido espaço para esta possibilidade. Mas os progressos do aconselhamento e novos *insights* da psicologia positiva tornaram o aconselhamento dos casais matéria exigente nos cursos de moral católica e também evangélica. O mesmo pensamento norteia judeus e ortodoxos. Pessoas não são tijolos e não podem ser catalogadas simplesmente como casadas, ex-casadas e divorciadas.

Quando as igrejas cristãs falam de segundas uniões, há uma série de injunções a serem consideradas. Pode ter havido egoísmo e incapacidade total de levar adiante uma relação matrimonial. Os psicólogos e canonistas prestam um grande serviço quando analisam as circunstâncias de uma separação ou de um divórcio. O cônjuge queixoso pode ser a vítima, mas também pode ser o carrasco. Pessoas com graves transtornos mentais, ou acentuado grau de egoísmo, podem conduzir o parceiro de cama, mesa e sofá a uma situação insustentável. Neste caso, havendo a ruptura da vida conjugal, as igrejas devem orientar seus fiéis a se aconselharem até mesmo para que reencontrem a serenidade que foi embora. Aí, sim, a pastoral das segundas uniões faz sentido.

É exemplar o caso de Dona Rute, que viveu em clima de masmorra sob a violência verbal e física do ex-marido, portador de grave transtorno mental. Esquizofrênico, tipo paranoide delirante, não havia como resolver aquele matrimônio, porque depois do terceiro ano da união já não se podia falar em sacramento. De sagrado nada mais restara.

O comportamento dele era assustador. Parentes, psicólogos e psiquiatras tentaram ajudar, mas ela nunca se decidia porque ainda o amava. E sua formação religiosa não lhe permitia deixá-lo, além do que a polícia jamais a protegeria a contento. Os dois definhavam. Ele de doença mental e ela de sofrimento.

Procurou ajuda na sua igreja. O marido era de outra religião e jamais quis aceitar tratamento. A conselho da família, divorciou-se e mudou-se para a Espanha, onde, quatro anos depois, conheceu outro homem sereno e amoroso. Ela era católica, mas também não sabia do progresso da sua Igreja no tocante à pastoral das segundas uniões. O marido desequilibrado conseguiu outra vítima dez anos mais jovem, que, dois anos depois, também pediu outro divórcio, não sem ganhar parte dos bens a que a primeira esposa renunciara.

Em Portugal, para onde se mudou, acompanhou um grupo de segundas uniões. Viveram bem dentro das normas da Igreja Católica para quem se divorciou e se casou de novo. Recentemente o ex-marido morreu de overdose. O novo marido era viúvo e os dois puderam casar-se como católicos. Complicado? Exigente demais? Ela decidiu do jeito certo e com os devidos conselhos no tempo certo. Nada é simples num amor que não deu certo... Mas existem soluções.

Questão de amor aceito

Acreditar em Deus e no seu amor infinito,
experimentá-lo como quem o prova aos poucos
e, em retribuição, amá-lo com o maior amor humano possível,
às vezes, com a decisão de renunciar
até ao mais bonito amor humano.
Encontrar uma pessoa e amá-la com um amor gentil
e sem reservas,
conseguir amá-la sem adorá-la e, mesmo assim,
saber que nela está quase tudo o que se buscou de bom
neste mundo.
Santificar-se nesses amores e viver mais para os outros
do que para si mesmo.
Passar estes amores a quem cruzar os nossos caminhos:
eis o chamado da maioria dos humanos.
Feliz aquele que ama e se sente amado.
Feliz aquele que aceita não ser amado como gostaria,
mas assim mesmo ama.
Feliz de quem, mesmo não tendo o amor que sonhou
um dia encontrar,
ama de maneira maiúscula e madura.
De tal ser humano pode-se dizer que se tornou pessoa.

Gosto de você, mas não quero ficar junto

Foi o que disse o rapaz de 34 anos à moça que ele engravidou. O filho ele assumia, mas não a mãe. O fato de que no Brasil 29,6% dos lares têm apenas um chefe significa que alguém ou morreu, ou foi embora, ou nunca assumiu a outra pessoa.

País em crise. O fato de que um entre cada quatro jovens tenha pais separados significa que, no Brasil, a fidelidade está em crise e que a palavra dada perdeu a força civilizatória. Por que tentar consertar, se é possível substituir? O fato de que tantos deputados mudem de partido pelas benesses do Governo significa que a moral da palavra dada não mais existe; faz muito tempo que o fio de barba acabou. Isto, só de pensar, provoca calafrios. Como se constrói um país onde os governantes e os representantes do povo não cumprem a palavra dada depois de eleitos? Pode dar certo um país no qual os partidos que pretendem representar o povo não cumprem seus estatutos?

Igrejas em crise. E quando os religiosos não cumprem a palavra dada às igrejas que os formaram e mudam de religião ou de Igreja? Se o pregador não cumpre, por que haveriam os fiéis de cumprir? Se seu pregador já veio de duas igrejas, por que não irão eles para outras? Eles mudam de púlpito e os fiéis mudam de templo. Vão aonde há mais milagres e mais sinais. Dizem que tolo é quem não muda! O casal não cumpre a palavra porque apareceu outra pessoa. E lá se vão eles. Deixam que os filhos se adaptem ao novo amor do pai ou da mãe. O pai e a mãe agora, separados, estão mais felizes! As crianças compreenderão! E a criança que não assimilar? Fazer o que com ela? Espera-se que cresça ou deve ela adaptar-se às urgências do pai e da mãe?

Pilares instáveis. Que país construiremos com tanta gente que não cumpre a palavra? Se os pilares não são seguros e não sustentam as vigas, troca-se de pilar? Como esperar que uma nação seja sólida, quando altíssima porcentagem de lares não o é? Ou uma coisa não tem nada a ver com a outra?

Esquecida, abandonada ou renegada para plano inferior, a virtude da fidelidade foi embora de muitos ambientes e tende a ir embora quando só vale o que eu sinto, o que eu quero, o que eu desejo, e quando o ego fica tão desmesurado que "o outro" não conta e o nós sucumbe ao peso desse excessivo eu.

Não pode dar certo a nação na qual o individual vale mais do que o coletivo; não dá certo a nação onde os pilares trocam de fundamento e de lugar. Casa de dois pilares, onde um vai embora, é muito mais frágil. Nação de poucos pilares sólidos e de troca-troca de partidos é uma séria candidata à desordem, à imoralidade pública e a alguma forma de "ditocracia", que é um misto de ditadura e democracia: compram-se fidelidades porque os políticos são infiéis ao povo que neles votou.

Vender convicções. Não há cidadania onde os líderes vendem suas convicções. Não há nação onde o sentimento nada vale, ou onde vale demais. Sem razão não há fidelidade e uma nação sem fidelidade perde a razão de ser. Quem é infiel ao seu mandato, mesmo que não roube, é corrupto. No primeiro golpe de Estado estará ao lado do ditador. O Brasil corre esse risco. Talvez não tenhamos aqui um Hugo Chaves ou um Fidel Castro a dominar um Congresso, mas se tivermos quem compre a maioria dos seus membros, democracia é que não será. E não o será por conta do "gosto de você, mas não quero ficar junto"! Quando vale a lei do quem dá mais, já não é mais parlamento, é casa de leilão e de penhores.

Não tenho vergonha
do que prego

Afirmando não ter vergonha do que pregava (Rm 1,16), na Carta aos Romanos Paulo entra em detalhes quanto ao que considera desvio de conduta com relação ao corpo e à mente humana (Rm 1,18-32). Ele mostra a que ponto um ser humano pode se depravar. Lista os pecados de desrespeito do ser humano para consigo mesmo, com os outros, com a sociedade e com o Criador. Tudo porque há no ser humano uma tendência de se satisfazer com o que deseja e quer e não com o que deve.

As leis da castidade

À pureza que se espera do ser humano, aplicada ao instinto de procriação, ao afeto mútuo e à libido, que são impulsos e sentimentos legítimos do ser humano, chama-se de castidade. Fazem parte da natureza e levam uma pessoa a querer se relacionar mais intimamente com a outra. Este relacionamento, segundo a Igreja, tem leis. Não é o mundo, não são os artistas, não são os conselheiros do mundo que devem determinar tal comportamento, mas a fé católica, se alguém deseja ser católico. Espera-se castidade dos adolescentes, dos jovens, dos adultos, dos solteiros, dos casados e dos viúvos.

Quem é casto

Casto é quem se coloca diante de Deus, do outro e de si mesmo como pessoa que comanda seus desejos e seus impulsos sexuais e os ordena para o bem e para o uso sereno desse poder, chamado libido. No celibato a castidade exige do fiel que não busque prazer sexual nem no seu corpo nem no dos outros. Viva-o para Deus, o criador do corpo e do instinto. Se puder, dê seu corpo a Deus. Se não puder e não se sentir capaz disso, então assuma um casto matrimônio. Controle o fogo da paixão e do desejo pelo corpo alheio, na direção de uma relação respeitosa e plena de amor. A frase de Paulo é significativa: "É melhor casar do que queimar de paixão" (1Cor 7,9).

Sempre o respeito

No namoro e no noivado, que os dois, que se querem e se amam, saibam conduzir-se de tal maneira que um não dê nem derive prazer do corpo do outro antes do consentimento matrimonial. A fé tem que fazer parte dessa entrega. No casamento assumido em nome do Criador, ambos deem seus corpos um ao outro com alegria, respeito, usando do legítimo direito de dar e receber prazer responsável. Neste caso, o sexo ainda é casto, porque é diálogo de amor, para auxílio mútuo e para a realização de ambos como um só coração e uma só alma. São dois corpos unidos para um projeto maior: a vida em família.

Depois de um matrimônio

Na viuvez espera-se dos viúvos que saibam administrar com respeito, pelo que ambos viveram, a falta do bem-amado ou da bem-amada. Caso desejem casar-se outra vez, espera-se a mesma atitude de respeito mútuo com a outra pessoa com quem constitui novo matrimônio.

O uso do corpo

Em Mateus está escrito que Jesus, falando em parábolas, diz que o corpo tem que ser disciplinado e que é melhor chegar cego ou maneta ao céu e perder parte do corpo, ou, no caso, omitir o seu uso, do que administrá-lo de forma errada a ponto de ele ser fonte de pecado (Mt 5,29-30). Serve para a tentação da ira, da gula e do prazer sem limite. Não é porque estamos irados que temos o direito de sair por aí metendo a mão na cara dos outros. Não é porque estamos com fome que temos o direito de comer até prejudicar o corpo. Não é porque temos sede que podemos encher a cara de vinho ou de cerveja. Há que haver um limite. Não é porque duas pessoas se desejam que têm o direito de experimentar toda e qualquer sensação de prazer. Há limites.

Castos no olhar

O olho é a porta de entrada da luz. Deve ser preservado, porque por ele entra a virtude e o bem. Mas também a tentação que traz o pecado (Mt 6,22-24).

Confiança no criador do corpo

Jesus deixa claro que o mesmo Deus que cuida do corpo dos pássaros cuidará do corpo de quem o entrega ao Reino de Deus (Mt 6,22-30). Os que matam nossos corpos não podem matar a nossa alma, mas o corpo mal-usado pode matar nossa vida interior (Mt 10,28). Para Jesus o corpo é santo e sagrado. Deve ser bem cuidado, ungido, perfumado, até para Deus. Comenta que a pecadora arrependida que ungiu seu corpo o estava preparando para a entrega total (Mt 26,12). Na última ceia ofereceu seu corpo e sua vida como sinal do seu amor pela humanidade (Mt 26,26).

O corpo é fraco e frágil

A doutrina dos católicos sobre o corpo e seus desejos se fundamenta na afirmação de Jesus de que o corpo, mais que frágil, é sujeito a fraquezas. A alma pode estar querendo, mas o corpo às vezes vai na direção oposta. Jesus manda orar e vigiar para que nossos instintos não nos levem ao erro ou ao descuido (Mt 26,41). Paulo lembra que deu seu corpo a Deus e está como que crucificado (Gl 2,20). O corpo não existe para a imoralidade, mas para o Senhor (1Cor 6,13). Chega a dizer que, quem une seu corpo ao de uma prostituta, fica prostituto com ela (1Cor 6,16-18). Os dois ficam uma só carne. Se é para ficar uma só carne, que seja com uma pessoa amada que une sua vida ao amado.

O corpo é um templo

Avançando na doutrina sobre o corpo, aos coríntios que moravam numa espécie de cidade do pecado, já que Corinto era um porto cheio de oferta de sexo, Paulo lembra que o corpo é um templo do Espírito Santo. Não nos pertence. Não podemos vendê-lo, nem rifá-lo, nem alugá-lo para sexo (1Cor 6,19-20). Jesus pagou por ele um preço inestimável ao deixar que pregassem o seu corpo na cruz. Devemos honrar a Deus também com o corpo e não só com palavras e canções. O corpo do marido e da mulher são um presente mútuo. Um pertence ao outro e ambos a Deus (1Cor 7,2-5). É tão importante o amor mútuo e o querer bem no casamento que nem ela nem ele devem negar seu corpo ao outro. É ato santo e fruto do benquerer que traz direitos (Mt 7,5).

Controlar o corpo

Paulo a seguir diz que controla o seu corpo e o trata como escravo. Quem manda é o espírito, não o instinto (1Cor 9,27). Mas não foi sempre assim. Diz ele que a lei é santa, mas o corpo nem sempre o é. E dá seu testemunho de que nem sempre entendeu essa dualidade de fazer o que não queria e não querer fazer o que devia (Rm 7,15). Quando ele queria fazer o bem, o mal estava ali de plantão, provocando-o para o pecado. Querer acertar ele queria, mas alguma coisa mais forte o levava para onde sabia que não devia ir (Rm 7,21-24). Ao que ele disse: *"É fogo ser um ser humano. Como é que vou resolver esse dilema? Meu coração vai em uma direção e meu instinto em outra? Quem me libertará desse corpo que quer mandar em mim?"*. E ele mesmo responde: "Graças a Deus eu conheço Jesus!".

Carinho substancioso

Alguns casais servem um carinho substancioso nos seus encontros. Ambos têm o que dar e o que receber. São pessoas bem adjetivadas e suficientemente substanciadas. São pessoas sólidas e de conteúdo.

Outros casais, infelizmente, com o tempo diminuíram a substância da sopa que serviam. A sopa de carinhos tornou-se rala e sem substância. Ele deixou de admirar a feminilidade dela ou ela a masculinidade dele.

Sentem o gosto da sopa, mas a sopa não mais satisfaz o seu apetite sexual, porque um dos dois deixou de servir seus beijos, seu corpo e suas carícias ao outro. Esqueceram o juramento diante do altar onde disseram que seriam um do outro e para o outro até o fim da vida.

O outro não satisfaz mais o cônjuge que deixou de ser interessante. Faz anos que o amor não tem dado certo. Um deles ou ambos estão servindo sopa rala. O amor que ainda resta está agonizando.

No caso do primeiro casal, os dois alimentaram um ao outro. No segundo caso, um deles deixou de matar a fome de amor que o outro ainda tinha. Oremos por estes dois.

Jesus e a sexualidade

Em Jesus e para Jesus a sexualidade é sagrada. É mais do que funcional. Vai além de perpetuar a espécie. É opção ligada ao outro e aos seus direitos, à entrega e à fidelidade. É um sim que não pode depender dos humores da pessoa, e sim do seu amor-compromisso. Por isso ele confronta sua doutrina com a de Moisés:

> Disse-lhes ele: "Moisés, por causa da dureza dos vossos corações, vos permitiu repudiar vossas mulheres; mas no princípio não foi assim" (Mt 19,8).

> "E serão os dois uma só carne; e assim já não serão dois, mas uma só carne" (Mc 10,8).

A Bíblia fala de circuncisão do pênis com entrega do prepúcio, de circuncisão do coração com entrega da vontade. Fala também de eunucos no físico e no coração (Dt 10,16; Jr 4,4; Rm 2,25-29). Se não entendermos os costumes dos primeiros hebreus e dos judeus que vieram séculos depois, não entenderemos os costumes de hoje. Hoje, como ontem, o sexo e a capacidade de gerar são uma escolha espiritual e, por isso mesmo, vital. Marcam profundamente a vida de um homem, uma mulher e sua descendência.

Fertilidade, esterilidade, virilidade, feminilidade, frigidez, desejo, desempenho são palavras corriqueiras que nem por isso deixam de ser tabus. Há cobranças que atingem o homem e cobranças que atingem a mulher. Não há sexo verdadeiro sem cobrança de fidelidade. Aquela troca de vida só faz sentido entre pessoas que vivem uma pela outra. É mais do que toque e carícia: é intercâmbio de vida. Vai muito além da superfície dos corpos.

Fidelidade e utilidade

Na esteira das cobranças cobra-se também a virgindade, e a data de perdê-la; cobra-se o celibato até àquele dia e vivem-se os questionamentos que casamento e celibato provocam no indivíduo e na sociedade. Não poderia ser diferente: cobra-se a fidelidade do casal e cobra-se a fidelidade do celibatário. Mas num mundo de tanta exacerbação da libido é difícil manter a palavra dada. Talvez seja por isso que milhões não consigam ser fiéis nem ao matrimônio nem ao celibato. Usar ou abster-se do sexo supõe escolha, ascese, intenção, pessoa e clã. De certa forma os ricos ainda são dados em casamento... Permanece tabu um filho rico casar com a mocinha pobre ou a moça rica se apaixonar pelo motorista da família. O pacote tem destinatário...

Abstinência e uso moderado

Nem no judaísmo nem no cristianismo se dá licença para fazer sexo. Consagram-se corpos. Isso não dá a nenhum dos dois o direito de usar a outra pessoa. Há que ser um consenso permanente e, da mesma forma que não faz sentido alimentar-se de qualquer jeito, beber de qualquer jeito e em qualquer quantidade, também as relações afetivas dependem do querer e do sentir, que só dá certo se existe a ascese. Outra vez Jesus alerta para o projeto original da sexualidade. No princípio o sexo era um encontro unitivo: uma só carne... (Mt 19,5). Mas seriam uma só carne, porque os dois seriam um só casal, como ele e o Pai eram um só Deus (Jo 10,30).

O ser humano nem sempre entendeu o sexo como um ato de espiritualidade. Na maioria das vezes a carne atrapalhou. Maior dificuldade tem e teve de entender a abstinência dele. Por isso encontra tanta dificuldade em viver o casamento ou o celibato. E talvez não entenda nunca! Serão sempre assuntos apaixonantes. Celibato e casamento precisam de estímulos espirituais e eles nem sempre acontecem.

As mudanças da vida a dois

Na era tribal e agropastoril, ter mulher ou mulheres, algumas concubinas e muitos filhos era mais do que uma questão de prazer: era dever e podia ser sobrevivência. Os tempos eram de pouca comida, pouca produção e colheitas incertas. Ter filhos poderia ser a única chance de chegar ao futuro. Não se brincava de sexo: ele era instrumento de vida mais do que de prazer. Aí sim o sexo era utilitário. Mesmo assim supunha respeito. Abusos eram punidos pelo clã. Os que geram vidas cuidam um do outro e das vidas que geraram.

Uma leitura atenta dos livros Gênesis, Êxodo e Juízes mostra uma cultura de sobrevivência na qual o sexo não tinha a dimensão que hoje tem. Fazia mais parte do *éthos* produção e trabalho do que do *éthos* consumo e divertimento. Quando, hoje, um homem e sua esposa decidem interferir no seu aparelho reprodutor, a escolha é a de não mais ou nunca procriar. Seu matrimônio, se matrimônio existe, é desfrute e deleite, mais do que dever social. Ficarão juntos enquanto se quiserem e terão filhos se quiserem. Se ela engravidar em hora imprópria, há médicos, remédios e hospitais... O sexo está mais funcional do que nunca, mas não para gerar filhos, e sim para gerar conforto. Ter filhos não é mais questão de sobrevivência. Entrou para o rol das conveniências. Não é o caso de todos, mas o é de milhões de casais que se proclamam modernos. Não estão mais à mercê da reprodução. Em troca, o prazer está à mercê deles, ou, melhor dizendo, eles à mercê do prazer.

Priorizou-se o secundário

Priorizou-se o sentimento, a convivência, o afeto, e secundarizou-se a justiça e a procriação. O argumento é que o mundo já tem gente em quantidade suficiente. A China, desde a ascensão do comunismo, vem limitando o número de filhos de um casal a um por matrimônio. Em sociedades afluentes, os casais decidem por, no máximo, dois, de preferência um. E não faltam os que preferem um animalzinho de estimação. Poderiam gerar um filho, mas preferem não tê-lo. Pesados os prós e os contras, optaram pelo animal a quem tratam como filho, intitulando-se papai e mamãe deles. Vemos isso nas ruas...

Rejeição implícita

Em alguns casos esconde-se a rejeição aos humanos. É chocante, mas com frequência nos chegam notícias de milionários que deixam fortunas para seus cães. Num dos casos, um animal chamado Gunther IV herdou 372 milhões de dólares. Às vezes, o Estado interferiu, destinando o dinheiro a instituições de caridade para humanos... Numa sociedade como essa, um casal que escolhe ter mais de três filhos, o homem que escolhe não ter esposa, a mulher solteira que opta por não ter marido, incomoda. Incomodam ainda mais aqueles que se abstêm do sexo por motivações religiosas.

O sexo consagrado

Quando o varão hebreu deixava cortar parte da pele do seu pênis, ele, que precisava ter filhos e gerar uma família, estava se submetendo ao autor da vida. Era submissão da sua virilidade a alguém que dá ou tira os filhos. Quando apareceram os primeiros celibatários livres que, não por medo do sexo, nem porque os patrões lhes cortavam a virilidade, mas por submissão ao dono da vida e do prazer, o mundo não aceitou, rejeitou, puniu, depois venerou e, por fim, superestimou. Nunca foi natural abster-se do sexo e optar por não ter filhos. Continua não sendo, posto que a quase totalidade dos humanos mais cedo ou mais tarde faz sexo, quer alguém no seu leito, quer os carinhos exclusivos de uma pessoa especial e quer uma descendência.

Como entender aquele ou aquela que controla seu instinto? Alguém que não vai além de determinados afetos, dosa o prazer, não ultrapassa nem a própria concupiscência, determina que vai só até o abraço, o afago ou o beijo? Como entender quem nem sequer chega perto do corpo de outra pessoa, quando a maioria absoluta quer se dar e quer receber?

Entre o céu e a terra

O celibato tem fronteiras, assim como as tem o casamento. Quem as ultrapassa corre o risco de perder o amor que vem com estas escolhas, porque as duas escolhas são de submissão livre e consciente a Deus e a uma outra pessoa. Casar não é querer e ter poder sobre o outro, nem "ter" que querer o outro. É querer e saber que há limites. O celibato também não é querer e não poder: é poder, mas não querer. Num caso, o marido ou a mulher, a partir da porta para fora, vive a condição de eunuco por amor ao outro, e no outro, o celibatário escolhe a condição de eunuco por amor ao Deus que ele deseja levar como celibatário. O casal, todo um do outro, leva Deus com o seu matrimônio sereno e forte. O celibatário, todo de Deus e do seu povo, o leva com o seu celibato sereno e forte.

Há quem o consiga por toda a vida. Há quem não o consiga. Há o casado que busca outros carinhos e torna a entregar-se; há o celibatário que busca alguém e pede desculpas a Deus por não conseguir viver sua promessa. Em alguns casos a Igreja libera, em outros não! Entra-se no terreno das intenções e da pureza da escolha. Nem a religião nem o mundo têm respostas prontas e cabais para o mistério do casamento, do celibato ou da vida casta. *Não fazer, não querer, não viver sem, com quem, em que idade, quanto, até que ponto, como, por quê, para quem, para que* são perguntas que o indivíduo tem que responder a contento, se quiser ser feliz.

Quando a Igreja fala de amor e sexo

Para bom entendedor, meia palavra basta. A Igreja Católica, quando fala de sexualidade e do relacionamento afetivo e amoroso do casal, recorre à linguagem poética ou simbólica, mas é bem clara nos seus objetivos: pode, não pode, convém ou não convém, é consentâneo com a dignidade da pessoa, da mente e do corpo, não contribui para o crescimento do amor, vai ou não vai contra a finalidade precípua do sexo.

Não importa para a Igreja ser popular ou não ser, quando fala das relações entre o casal. Para os católicos nem tudo é válido entre quatro paredes. Continua permitido ou proibido se, como um riacho, ficar sujo ou extrapolar os seus limites e sair do leito que o contém.

O que se faz com um riacho que um dia foi límpido, mas que as enxurradas da rua, de fora dele, acabam sujando e enchendo de detritos? O que se faz quando ele incha e sai para fora do seu leito? Aplaude-se a sua fúria e a sua potência, ou controla-se e canaliza-se o seu fluxo com piscinões, lagoas e lagos, represas e vazões calculadas? Pois, o mesmo que se faz com um riacho, a Igreja espera que o ser humano faça com a sua sexualidade, quando só ou a dois. Sexo nunca pode ser selvagem, por mais bonito e gratificante que seja navegar de caiaque por aquelas águas provocadoras.

Riachos descem cantarolando das montanhas e por muitos quilômetros descem limpos. Mas encontram outras águas e temporais e muitas vezes ficam impuros. Quem deseja fazer bom uso de sua potência, precisa limpá-los. Dá trabalho, mas o resultado final vale a pena.

Também o impulso sexual costuma vir puro, inocente, ingênuo até. Mas chega um momento em que o mundo começa a enchê-lo de detritos, vindos do erotismo, da permissividade, da pornografia, e novos conceitos de corpo, sexo, prazer e possibilidades entram na mente humana pelos olhos e pelos ouvidos. Internet, rádio, CDs, filmes, bancas de revistas, livros, revistas especializadas em nudez ou pornografia, nudez ou seminudez na televisão, nas ruas, nas praias e até no esporte mexem com mentes ainda em formação. E entram nelas conceitos estranhos à finalidade precípua do sexo, que, mais do que suscitar prazer, existe para suscitar encontro afetuoso, sementes de vida, momento sagrado, íntimo e doador entre o homem e a mulher. Tudo o que extrapola tais finalidades não é aceito pela Igreja, como não era entre os hebreus.

Entre os judeus e católicos não se fala com brutalidade e com palavras ousadas de sexo. Não temos um Kama Sutra que desça a detalhes íntimos sobre a relação conjugal. O que mais se aproxima disso é um dos últimos livros do Antigo Testamento, o *Cantar do Cantares*, ou o *Cântico do Cânticos*, que é extremamente poético. Mas está tudo lá sobre a beleza e a sacralidade do encontro entre homem e mulher que se amam e se entregam à paz e à responsabilidade da entrega mútua de afetos e de corpos. O autor, que não se sabe quem é mas o identificam com Salomão, o considera a mais importante de todas as canções humanas, porque celebra a vida plenamente partilhada entre um homem e uma mulher, encantados um com a existência do outro, inebriados até com a beleza dos seus corpos e de suas mentes. É um canto de enlevo que segue a mesma linha dos salmos de enlevo entre a criatura e o criador. O mesmo ser humano que se extasia com o Deus que tudo criou e com a sua graça, seus auxílios, sua força, seu amor, seus cuidados, seus mistérios e seu poder, extasia-se também com sua criatura chamada mulher ou chamada homem. É uma ode de louvor à beleza interna e externa do ser humano, que de resto também tem tantos desvios e feiuras, mas nisso ele pode ser maravilhosamente encantador.

Para a Bíblia, portanto, existe um sexo feio, malfeito, mal encaminhado, pecaminoso e destruidor. Mas existe o outro que enriquece, aquece, enleva, eleva e torna a pessoa mais pessoa. Vemos isso no Gênesis, no Êxodo, nos Salmos, nos Provérbios, no Cântico dos Cânticos, nos Evangelhos, nas Epístolas, principalmente aos Romanos e aos Coríntios.

Lá se fala das mazelas perpetradas por sexo violento e irresponsável ou praticado contra a finalidade da criação do corpo humano, e também se exalta a sacralidade de um amor bem vivido entre mulher e homem; exalta-se a virgindade e ao mesmo tempo o matrimônio, e de ambos se pede a castidade. Sexo? Sem ingenuidade, mas ainda assim com pureza.

Os Papas Pio XII e João Paulo II, em encíclicas, cartas ou exortações apostólicas como *Casti Connubii*, *Familiaris Consortio*, *Carta às Famílias*, *A dignidade* e a *Vocação da Mulher*, e agora o Papa Francisco em *Amoris Letitia*, bem como os bispos do mundo desde o Concílio Vaticano II e em sucessivos documentos sobre o homem, a mulher e sua vida debaixo do mesmo teto, são claros quanto ao que a Igreja espera de um ser humano católico, homem ou mulher: sejam puros como água de riacho. Corram puros e, se entrar detrito na sua relação, purifiquem-se. Para a Igreja, no lar onde pela porta dos fundos entra o hedonismo e o prazer sem limites e sem controle, na base do tudo é válido, pela porta da frente vai embora cabisbaixa a espiritualidade da união, e não há casamento que resista quando a espiritualidade vai embora.

Sexo é, sim, carne que se encontra com outra carne, e precisa ser prazer, mas é também espírito que encontra outro espírito e precisa ser sagrado: ela para ele e ele para ela. Toda casa tem que ser templo e todo leito deve ser suave para hospedar afagos, entregas e carinhos, e tem que ser santo. É o que ensina a Igreja, por mais difícil que seja viver tal ideal.

João Paulo II resume estes conceitos no número 13 da sua *Carta às Famílias* (2/2/1994, 16º ano do seu pontificado). Diz ele:

> O utilitarismo é uma civilização da produção e do consumismo, voltada para as coisas e não para as pessoas, civilização onde as pessoas se usam como se usam as coisas.
>
> No contexto da civilização do consumismo e do desfrutamento, a mulher pode se tornar um objeto para o homem, os filhos um obstáculo para os pais, a família uma instituição incômoda e embaraçosa para a liberdade dos membros que a compõem.
>
> Para convencer-se disso, basta examinar certos programas de educação sexual introduzidos nas escolas. Não obstante o frequente parecer contrário e até protestos de muitos pais; ou então tendências pró-aborto que em vão procuram esconder-se atrás do chamado "direito de escolha" (*pro choice*) por parte de ambos os cônjuges e particularmente por parte da mulher. São apenas dois exemplos, dos muitos que se pode recordar.

O Papa fala da mulher que já é mãe, mas se recusa a dar à luz o filho que concebeu e o chama de embrião ou feto, mas não o considera filho e não se considera mãe, e esconde-se atrás de palavras como direito de escolha, pró-escolha de levar ou não levar a gestação até o nascimento do filho que ela se recusa a chamar de filho. Não se sentindo mãe e não considerando a vida que está nela como vida de um filho, às vezes ela, às vezes o casal, quer que os juízes descriminalizem seu ato e que os partidos no Congresso decretem que tirar um filho não é crime contra a humanidade ou contra o Estado, e sim escolha do casal de ser ou não ser pais do feto que está nela.

Querem poder total sobre a vida que conceberam. Querem o Estado e a Igreja fora do seu ventre. Ninguém tem o direito de legislar sobre como farão sexo e sobre o que farão do sexo que lhes trouxe uma vida inoportuna ou indesejada. Não era para vir, mas a camisinha e os remédios não funcionaram.

Continua o Papa:

> Nesse tipo de cultura de prazer e de morte ao fruto que nasceu deste prazer, a família não pode deixar de sentir-se ameaçada, porque atingida nos seus próprios alicerces.

Mãe que não quer levar a gestação até o fim, pais que não querem ser pais e que não consideram filho o que está dentro dela.

Eu falo disso no meu livro *Da família sitiada à família situada*. É pressão de todos os lados para que se adote o princípio do *prazer puramente prazer* como o princípio básico da vida a dois, e não *o do prazer-dever*.

E prossegue o Papa:

> Tudo o que seja contrário à civilização do amor é contrário à verdade integral do homem e torna-se para ele uma ameaça: não lhe permite encontrar a si mesmo e sentir-se seguro como cônjuge, como pai e como filho.

> O chamado "sexo seguro" propagandeado pela civilização técnica na verdade é, sob o perfil das exigências globais da pessoa, radicalmente inseguro e gravemente perigoso.

> A pessoa de fato se encontra em perigo e com ela a família. Que perigo? A verdade sobre ela mesma, com o risco de perda de liberdade e perda do amor.

É a Igreja lembrando que, em lugar do *nem tudo é permitido da Igreja*, entra o *tudo é permitido do mundo*, que, em seguida, proíbe ao outro de dizer *não* a qualquer desejo do parceiro. Há cônjuges que se julgam ter direito ao sexo desagradável e ameaçam buscá-lo fora do casamento. Vira chantagem. Um dos dois acaba refém do sexo sem limite do outro.

Continua o Papa: "A família que deseja ser de hoje vai ao encontro do 'amor bonito'". Um amor não bonito, ou seja, feito de mera satisfação de instintos, ou seja, da concupiscência (da qual fala João 16,21), amor prazeroso mas sem a graça do céu, por isso feio, reduz os dois ao uso recíproco de seus corpos, tornando-os escravos de suas fraquezas. Não são eles que dominam o sexo e entregam seus corpos. É o sexo que os domina, e o outro naquela hora desaparece. Vale o seu paroxismo de prazer. Do outro, cobra-se o desempenho. E se ele não desempenhar bem suas funções de macho ou fêmea, sente-se culpado porque não funcionou a contento. Já não é mais entrega ou doação: é cobrança.

A indústria do sexo, que só em Hollywood faz mais de mil filmes pornográficos por ano e gera mais de 10 bilhões de dólares, joga com a fraqueza e os desejos do ser humano. Não é mais sexo que eleva, é sexo que leva vantagem e para o qual se paga.

Para a civilização do amor é o sexo que leva à alegria de vida que pode ser gerada e que nunca seria rejeitada, mesmo se viesse sem aviso. Não tem que ter filho, mas não se vai rejeitá-lo, caso venha.

Diz o Papa que a civilização inspirada no consumismo e no antinatalismo nunca será civilização do amor. Não acolhe a vida. Se ela vier, será tida como intrusa. Por isso é que a família se torna vulnerável e sitiada e muitas vezes se desfaz porque um deles quer do outro um prazer que o outro ou não quer, ou não sabe, ou não pode dar.

O jovem marido que passa noites vendo pornografia pesada na internet, enquanto a esposa o espera no quarto, trocou sua mulher real pelas mulheres virtuais e retocadas da sua telinha. Mostra que não se casou por ela, mas pelo desfrute dele que agora prefere o que vê na televisão do que o que pode ter no leito nupcial.

Ele não estava preparado para dormir naquele leito. Deveria levar seu computador ou o seu DVD para a cama e fazer amor virtual, porque não estava preparado para amar uma pessoa real. As mulheres da internet não reclamam nem lhe cobram mudança de vida. E casar é mudar de vida e de comportamento.

Mulheres disponíveis na internet são coisas. Mulher real é gente e gente reage! O homem sedento de prazer visual busca um sexo onde o lado de lá não reage e nunca diz não.

O amor não será paciente e benigno, como Paulo diz em 1Cor 13,6, porque o prazer está cada dia mais exigente e implacável. É que amor não é só prazer. Também é dever. O outro tem direitos. A mulher não tem como dar ao marido tudo o que ele poderia querer; nem ele a ela. Se a pornografia não aceita limites, o amor tem limites e não se rege por preço: rege-se por dignidade. Não se compra e não se vende um corpo ou o seu prazer, e precisa ter limites como tudo na vida, inclusive o mar, os riachos, os ventos, a palavra, a fé e o sexo. Não vale tudo.

O livro do Gênesis fala de homossexuais, estupradores e de degradação do sexo e da punição de Deus contra as cidades onde tudo era permitido e o sexo não era controlado. É uma narração terrível que muitos preferem dizer que foi apenas simbólica e que nunca houve.

Também Paulo aos Romanos, já no primeiro capítulo, lança um libelo contra o chamado amor livre ou sexo sem projeto futuro e sem endereço nem barreira.

Diz ele com dureza e sem medo de desagradar a qualquer minoria militante:

21 Porquanto, tendo conhecido a Deus, não o glorificaram como Deus, nem lhe deram graças, antes em seus discursos se desvaneceram, e o seu coração insensato se obscureceu. 22 Dizendo-se sábios, tornaram-se loucos. 23 E mudaram a glória do Deus incorruptível em semelhança da imagem de homem corruptível, e de aves, e de quadrúpedes, e de répteis. 24 Por isso também Deus os entregou às concupiscências de seus corações, à imundícia, para desonrarem seus corpos entre si; 25 pois mudaram a verdade de Deus em mentira, e honraram e serviram mais a criatura do que o Criador, que é bendito eternamente. Amém. 26 Por isso Deus os abandonou às paixões infames. Porque até as suas mulheres mudaram o uso natural, no contrário à natureza. 27 E, semelhantemente, também os homens, deixando o uso natural da mulher, se inflamaram em sua sensualidade uns para com os outros, homens com homens, cometendo torpeza e recebendo em si mesmos a recompensa que convinha ao seu erro. 28 E, como eles não se importaram de ter conhecimento de Deus, assim Deus os entregou a um sentimento perverso, para fazerem coisas que não convêm; 29 estando cheios de toda a iniquidade, prostituição, malí-

cia, avareza, maldade; cheios de inveja, homicídio, conten-da, engano, malignidade; 30 sendo murmuradores, detra-tores, aborrecedores de Deus, injuriadores, soberbos, pre-sunçosos, inventores de males, desobedientes aos pais e às mães; 31 néscios, infiéis nos contratos, sem afeição natural, irreconciliáveis, sem misericórdia; 32 os quais, conhecendo a justiça de Deus (que são dignos de morte os que tais coisas praticam), não somente as fazem, mas também consentem aos que as fazem) (Rm 1,18-32).

Paulo não era e não seria popular entre os que hoje assu-mem a bandeira da liberdade total e do direito de escolha, os "pró-escolhas".

Ele repete a doutrina sobre o corpo e a sexualidade contida e controlada dizendo aos coríntios:

> Os alimentos são para o estômago e o estômago para os alimentos; Deus, porém, aniquilará tanto um como os outros. Mas o *corpo* não é para a prostituição, senão para o Senhor, e o Senhor para o *corpo* (1Cor 6,13).

E prossegue em outro momento:

> Não reine, portanto, o pecado em vosso *corpo* mortal, para lhe obedecerdes em suas concupiscências (Rm 6,12).

> Porque, se viverdes segundo a carne, morrereis; mas, se pelo Espírito mortificardes as obras do *corpo*, vivereis (Rm 8,13).

> Não sabeis vós que os vossos *corpos* são membros de Cristo?

> Tomarei, pois, os membros de Cristo, e fá-los-ei membros de uma meretriz? Não, por certo (1Cor 6,15).

> A mulher não tem poder sobre o seu próprio *corpo*, mas tem-no o marido; e também da mesma maneira o marido não tem poder sobre o seu próprio *corpo*, mas tem-no a mulher (1Cor 7,4).

> Porque todos devemos comparecer ante o tribunal de Cristo, para que cada um receba segundo o que tiver feito por meio do *corpo*, ou bem, ou mal (2Cor 5,10).

Jesus afirma em João:

> O que é nascido da *carne* é *carne*, e o que é nascido do Espírito é espírito (Jo 3,6).

Paulo aos Romanos torna a dizer:

> Porque os que são segundo a *carne* inclinam-se para as coisas da *carne*; mas os que são segundo o Espírito para as coisas do Espírito (Rm 8,5).

Das leituras se depreende que para Jesus e os apóstolos há o sexo vivido de maneira carnal, luxuriosa, instintiva, selvagem, sem controle e o vivido de maneira gentil, cuidadosa, amorosa, delicada, espiritual, no qual um pensa no outro e os dois buscam um fim maior, que é a sua unidade de criaturas que se amam no Deus que os ama.

Deus nos fez carne e espírito, e o sexo que não é apenas um grito da carne tem que ser também um grito da alma, pois se trata de uma bonita e elevadora forma de comunicação humana. Se Deus o fez e criou o desejo carnal e com ele o espiritual, então não pode ser coisa pecaminosa. Mas o egoísmo de quem usa o outro, sem respeito nem gentileza e pensando apenas no seu prazer e na sua fantasia sem limite algum, pode fazer do sexo mercadoria, chantagem ou fonte de posse. Os verbos ter e possuir rimam bem com o erotismo e o prazer, mas quem ama prefere os verbos ser de e doar-se. No amor não há posse porque o outro não é propriedade: é alma gêmea.

Por isso estava certa aquela professora, mãe de três filhas, que respondeu às alunas que nunca "perdera" a virgindade: estava lá, muito bem protegida na sua casa com o seu marido, a quem ela a dera vinte e cinco anos atrás. Mas tinha limites, por isso gerava vida e luz. Era riacho canalizado.

Quando se ouve até nas igrejas que não deve haver limites para os encontros de amor do casal e que entre paredes qualquer forma de sexo é válida, desde que aceitas pelos dois, é bom reler o que dizem a Bíblia, as encíclicas, as cartas e exortações dos papas de ontem e de hoje, e o que dizem a maioria das religiões sobre a sacralidade do homem e da mulher e sobre o controle da vida para que a vida nos leve.

Também para o avião e para os motores não vale qualquer combustível nem qualquer carga. Sem controle, nenhum deles voa ou navega ou chega. Chegam porque controlam as explosões, a intensidade e aceitam o limite ao subir e ao descer, ou ao sair para o alto-mar e para aportar. Pilotos experientes sabem que sem controle não se vai ou não se chega. A falta de sexo com espiritualidade já explodiu muitos casamentos.

Isto mesmo, a espiritualidade motiva e controla os impulsos. Não os proíbe, da mesma forma que pilotos não proíbem o motor de soltar fogo, desde que controlado. É esse controle que milhões perderam ao seguir a doutrina do tudo é permitido. As leis de dentro e de fora do avião não permitem tudo. Também as de dentro e de fora do matrimônio.

Moderno é o pregador que entende e ensina que a vida não é um semáforo de sinal verde para os casais. Semáforos só funcionam quando se sabe usar o verde, o amarelo e o vermelho. A Vida é feita de pode e não pode. Também a fé. Também o sexo.

Da próxima vez que alguém lhe disser que a teologia moral moderna acha válida qualquer forma de sexo para o casal, fale da doutrina dos motores, dos riachos e dos amores sob controle. Nem tudo é permitido a aviões, barcos e motocicletas, nem tudo é permitido aos riachos, nem tudo é permitido ao casal no leito conjugal. Aqueles momentos são motivadores e inspiradores, são o combustível. Da mesma forma que não se injeta combustível em qualquer orifício do avião, o corpo humano tem hora, tempo, lugar e intensidade para receber a motivação do sexo. Limites levam longe. Combustível demais em lugar errado pode explodir o avião e acabar com o voo.

Que o amor seja bonito e realizador, mas que seja moderado. Qualquer comida, preparada com excesso de tempero e em quantidade exagerada, é doença a curto e em longo prazo. Coma e beba com moderação. Ame intensamente, mas assim mesmo com moderação.

Desejar outro corpo e outra pessoa

Adolescentes costumavam me perguntar se era pecado querer fazer amor com alguém do sexo oposto e até do próprio sexo. Tinham ouvido em aulas e em grupos nem sempre religiosos que isto é um chamado da natureza e que, desde que a outra pessoa consentisse, não era errado. Em cada país há algum costume local.

Respondi a todos dizendo que desejar dirigir um carrão, um avião e um barco é para quem sabe cuidar, governar e manter. Posso admirar e olhar um avião, um diamante, um helicóptero, mas, se não tenho idade para isso nem meus rendimentos permitem, só posso desejar, mas não posso adquirir nem ter. E nem mesmo alugar. Está acima de minha idade, das minhas posses e da minha habilidade para tê-los.

Com pessoas é ainda mais exigente e proibitivo. Admirar a beleza de um/a colega, seja você hétero ou *gay*, envolve risco maior do que pilotar um helicóptero ou um avião cargueiro. Exige mais preparo para saber de onde partir, por onde navegar, aonde se quer chegar, quem levar consigo e como aterrissar sem causar danos.

É ali que rapazes e moças, na flor dos seus dezoito ou vinte e poucos anos, se estrepam. Meninas sofrem quando seu corpo e seus sentimentos são mal utilizados. Rapazes sofrem quando se sentem usados. Sem diálogo sereno e maduro, carinhos, sexo e prazer machucam. E há uma idade na qual nem todos estão aptos para o diálogo físico ou sexual. Isto porque sexo é também coisa do sentimento e do espírito.

A maioria dos jovens que me ouvia concordava comigo. Mas sempre houve algum que achasse que seus avançadíssimos professores e colegas de noitadas estavam certos, porque proclamavam uma nova era do corpo e do sentimento. Faço parte dos que olham a pessoa, o corpo e a sexualidade com composto de libido, de desejo e de querer. Desejar é uma coisa, querer é outra. Posso desejar uma barra de chocolate, mas se sou diabético não devo querer. Então escolho um chocolate que não me faz mal. Posso desejar emborcar um litro de *whisky* ou seis garrafas de vinho ou de cerveja, mas, se tenho juízo, não devo querer, porque sei aonde levam estas noitadas. Muitos acabam no hospital. E outros, no caso do sexo descontrolado, com consequências nada agradáveis.

Amor faz bem; prazer, nem sempre. Com a pessoa errada, pior ainda. Mas a palavra *ascese* (*askesis*) supõe exercício continuado e inteligente de virtude. A palavra *esperar* ainda não caiu de moda! Pelo que eu sei, ninguém salta de asa-delta sem esperar ventos favoráveis. O amor, como voar, também depende de ventos favoráveis na adolescência e na velhice. Não saltem sem saber voar e aterrissar.

Amor, sexo e gratuidade

Do ponto de vista católico, sexo não é uma "coisa" que você tem que experimentar para ser feliz. Não tem que ter nem tem que não ter. Tem que ser uma escolha benfeita.

Do ponto de vista católico, você pode vivê-lo ou não vivê-lo. Se a sua libido e a sua vocação apontam para uma vida com alguém, se tudo em você lhe diz que vai ser bom unir-se a uma pessoa, e se essa pessoa poderá completar você como ser humano, então a Igreja diz a você, mulher: "Seja feliz com ele e faça este homem feliz". E diz a você, homem: "Seja feliz com ela e faça esta mulher feliz".

Se alguém acha que pode dar os seus sentimentos totalmente para o céu e viver como se fosse eunuco, isto é, viver sem fazer sexo, se acha que sua fé é suficientemente forte para esse tipo de renúncia, a Igreja lhe diz: "Seja feliz na sua escolha, mas não deixe de amar o povo, nem perca a ternura e a generosidade dos que se entregam".

Do ponto de vista católico, Deus criou o ser humano com o desejo latente e depois cada dia mais claro de procriar, doar seu corpo, dar e receber carinho, criar vidas novas, mergulhar, ele no mistério dela e ela no dele, enquanto ambos perseguem, a dois, o mistério da família. Há os que conseguem. Acham alguém do outro sexo com os valores que buscavam. Desejam-se, entregam-se, fazem famílias bonitas e tranquilas, com crias lindas às quais chamam de suas crianças e seus filhos. Se os filhos não vêm, mesmo assim eles acham o consolo um no outro, ou em obras sociais, ou adotando filhos que outros não puderam ou não quiseram criar.

Do ponto de vista católico, o sexo vem do céu. É um riacho que nasce da vida e que podemos ir purificando e canalizando à medida que se agiganta e cresce. A Igreja sabe que o impulso sexual é uma força gigantesca. Represe um riacho sem nenhuma vazão e ele inundará tudo e acabará rompendo o dique. Represe um riacho com o devido cuidado de lhe dar a vazão certa e ele dará pureza, vida e luz a quem sabe utilizá-lo.

O sexo é isso. Lembra os riachos que descem do alto e buscam seu destino. Do ponto de vista católico, o sexo é obra de Deus, é maravilhoso, e se a pessoa for maravilhosa, viverá bem com essa força que também tem os seus limites. Nem sempre é uma festa. O casal sabe disso. Às vezes o sexo tem renúncias dolorosas.

Ver pecado onde não há

Ver pecado onde não há é o mesmo que declarar suja e não potável a mais pura das águas. Não ver nenhum pecado onde está claro que um dos dois é egoísta é o mesmo que declarar limpa a enxurrada que deixa o morro sem nenhum controle. Riachos no seu devido leito, ou devidamente controlados, são puros. Sexo também: no devido leito e com a pessoa certa, já fez muita gente feliz e santa, até porque há uma forma de diálogo sexual que santifica os dois. Isso é doutrina católica.

Não dê ouvidos a quem disser que nós católicos somos contra o prazer do sexo. Nossa Igreja é contra o prazer do sexo errado e com a pessoa errada. Isto porque, em geral, um dos dois ou os dois estão sendo egoístas ou machucando alguém. Se a falta de sexo faz de você uma pessoa triste, repense sua opção. Se o sexo sem alegria está ferindo você, repense sua escolha. Se você acertou, passe sua felicidade adiante. Pense nos infelizes.

Quando um casal deu certo, precisa ajudar o que não deu certo! Ensinar a amar direito é um dever de quem consegue amar direito! Sexo é bom! Foi Deus quem o quis. Deixe isso claro aos seus filhos. Mas ensine-os a escolher bem. Que saibam por quê, quando, com quem e de que jeito! E que orem sobre esse dom. Disso depende o sexo feliz!

Um diálogo chamado sexo

Está em praticamente todas as religiões e na imensa maioria dos manuais que tratam da vida a dois que o ato sexual não pode ser nem o único nem o mais importante ingrediente de uma boa vida a dois. Ele deve ser consequência de outras relações e de outras reações do casal.

Nas sociedades que priorizam a estética e o prazer, ignorando a ética e o dever, o ato sexual acaba se tornando a viga mestra de uma relação, quando deveria ser um dos pilares sobre o qual um lar se deve sustentar. Mas quando a ênfase no prazer se torna absoluta e inadiável, alguém força ou invade alguém. Nestes relacionamentos, o dever do ato desbanca o dever do afeto. Pior ainda, o mais faminto dos dois confunde ato sexual com afeto sexual. Na maioria das vezes acaba em ato sem afeto, porque falta diálogo de corpos e de almas. Não tem nem coerência, nem inerência, nem aderência. Torna-se ingerência.

Conselheiros sérios em todas as religiões e ciências de aconselhamento alertam o casal para o fato de que encontro de corpos são encontros animais até o momento em que se tornam encontros de almas. Aí, sim, o ato sexual ganha contornos de humanidade, porque, mais do que festa de corpos, houve festa de corações encantados um com os valores do outro. O homem que ele é traz paz e encanto à mulher e a mulher que ela é traz repouso e paz ao homem que ela ama.

Dali em diante o sexo nunca será vulgar nem objeto de piadas de baixo calão. Os dois não falam em público do que acontece no segredo de suas paredes, mas seu modo de ser casal deixa claro que entre eles existe algo mais do que desempenho sexual. Entre os dois o desempenho é espiritual. Satisfazem-se em todos os sentidos, porque ele agora é um pouco ela e ela um pouco ele. Deram um ao outro o melhor de si, e este melhor de si não foi nem nunca será o ato sexual, e, sim, os atos maritais diários de delicadeza, gentileza, cuidados e atenções. Todos eles são pilares a sustentar uma relação madura.

O prazer momentâneo

A ênfase demasiada no prazer momentâneo do sexo, que se transforma em obrigação de dar algo daquele jeito e naquele momento só porque o outro tem fome daquele prazer, destrói a ênfase da ternura, da espera e da caridade. Lembra a criança que quer a mamadeira naquela hora e, se não vier quente e nos próximos trinta segundos, aprontará um auê. Mas ela faz isso porque é criança, não tem juízo e não sabe controlar a fome. Adultos não deveriam agir desta forma, até porque, ao invés de conquista, transformam seu sexo da hora em assalto. Perdido o elemento diálogo, o sexo perde seu sentido libertador. Sabem disso os homens obrigados a satisfazer sua mulher, sabem disso as mulheres obrigadas ao sexo.

Mais feliz é o casal que sabe quando quer, qual a hora e como chegar a ela. Quando seduzir equivale a dobrar a outra pessoa e submetê-la ao sexo que se deseja, quando revistas exploram o sexo como conquista de corpos sarados e bem comprados, é sinal de que o casal perdeu o charme. Charme vem de *xaris*, carisma, algo mais que não está apenas na beleza de um corpo ou no desempenho do prazer, e sim no prazer da companhia, de desfrutar a vida juntos. Nesses casos, o ato sexual vem no pacote.

Sem diálogo, o ato sexual lembra as camisinhas vendidas em postos à beira da estrada. Compra-se, usa-se sem maiores riscos e descarta-se. Não são poucos os casais que, com a camisinha descartada, descartam também a relação. Acaba ali, naquela lata de lixo de motel. Tudo indica que o sexo não foi imaginado para ser assim: nem para estupro, nem para descarte. Tem mais de gentileza e de arte do que de escapada e descarte.

Mas para entender isso tem que ser pensado antes. É o que milhões de parceiros não fazem. Gostaram do chocolate, entram na fila, compram, comem, jogam fora o invólucro e depois saem contando vantagem: comeram o que queriam. Só que não entenderam nem seu instinto nem o seu chamado. Alguns animais costumam ter melhor desempenho! Eles copulam e cuidam...

A era do corpo e da sedução

Você faz parte de uma era que ensina a mostrar e seduzir e de uma geração que mostra e seduz. O corpo tem sido o instrumento de sedução de milhões de pessoas. Fonte de lucro e base de muitas indústrias: droga, sexo, moda, esportes, ginástica. São levadas e altamente incentivadas a isso. É a era do visual e do prazer sem limites.

Alugar o próprio corpo

Quem passa pelas grandes avenidas de São Paulo em certos horários da noite, já percebeu que a partir das 21 horas, em muitíssimos lugares, as esquinas são tomadas por homens e mulheres; a maioria deles jovens que alugam seus corpos.

Estão lá oferecendo sua nudez e esperando que os carros parem, porque decidiram ganhar a vida alugando temporariamente seus corpos.

Travestis, bonecas, homens vestidos de mulheres, mulheres vestidas de homens, gente completamente nua, gente seminua.

De tal maneira isto se alastrou que a polícia ou não dá conta ou não se importa.

O que era escândalo e comportamento indecente, e por isso punido, já não é mais. Como no caso dos pichadores, a sociedade desistiu de corrigi-los. Também no caso dos que vendem seus corpos, a sociedade desistiu de reprimir; convive-se com isso.

Um amigo meu que tem casa numa dessas avenidas disse que à porta de sua casa assiste às cenas mais deprimentes e não sabe mais o que fazer, porque a polícia lhe disse que não tem força.

Diz ele que no começo era um curioso, agora é um furioso. Não aceita aquilo na frente de seus filhos ainda pequenos. Deixou de ser crime expor a nudez e fazer cenas de escândalo na porta da casa dos outros.

Há histórias por trás desses sofrimentos e desses comportamentos e não compete a nós julgá-los e condená-los como se fôssemos os donos da verdade.

O fato é que, quando alguém aluga seu corpo para ganhar dinheiro, enveredou por um caminho arriscado e por uma via de desequilíbrio. Vender coisas é uma coisa, vender o próprio sexo é outra. Todo mundo sabe que isto sempre existiu e sempre foi errado e sempre causou sofrimento.

Numa sociedade que os mostra às vezes por sensacionalismo, outras para destruí-los e outras até para incentivá-los, é preciso encontrar o equilíbrio. Que as religiões usem de pedagogia e de misericórdia e que os governos usem também de pedagogia e de justiça. Uma coisa é certa: ninguém vai parar se não se converter. A conversão passa pelo conceito de pessoa humana e de Deus em nós. Sem Deus o corpo vira mercadoria. Quem crê no Criador sabe que não foi para isso que ele criou o sexo.

Fazer amor e fazer sexo

Quem tem filhos e filhas faria um grande favor a eles e à sociedade se lhes ensinasse que fazer sexo não é o mesmo que fazer amor. É possível fazer amor sem sexo, ou fazer sexo sem amor, mas o resultado é bem diferente nos dois casos. E é bom que também saibam que é possível fazer amor com sexo, desde que os dois estejam aptos para estes encontros.

Uma coisa é gostar de comida e outra coisa é saber comer. Comer errado faz mal a quem come. De certa forma, quando um homem, de maneira desrespeitosa, diz que "comeu uma mulher", está dizendo que sexo é alimento. Mas, no caso dele, provavelmente "comeu" errado, porque mulher não é coisa.

No ato sexual, quem recebe é a mulher. Quem acolhe é ela. Quem deposita é ele. O corpo feminino foi preparado para isso. Não haverá comunhão se o homem apenas deposita seu esperma dentro dela. Pior ainda quando ele a estupra. Aí é que não há comunhão. Só faz amor quem sabe fazer sexo respeitoso e com o consentimento tranquilo da mulher. Qualquer imposição destrói a relação. Sendo ela a receptora e a acolhedora, cabe ao homem depositar seu amor de corpo e de alma no corpo da mulher amada. Casais bem resolvidos fazem isso.

Os outros se comem gulosamente, mas não se alimentam porque falta a capacidade de se assimilarem, falta a gratuidade, a generosidade e o amor que norteia qualquer relação de homem maduro e mulher madura. Diga isso aos seus filhos e filhas.

Ana e Tiago, Tiago e Ana

O vento soprou, a chuva caiu e a enxurrada levou
E a casa na areia ruiu, quase nada sobrou
O vento soprou, chuva caiu e a enxurrada se formou
E a casa na areia não caiu, nem sequer se abalou
(cf. Mt 7,26-27).

Imaginemos um lar sereno e forte, habitado por um casal maduro. Bianca e Pedro, Pedro e Bianca. Às vezes ele lidera, às vezes ela. Os dois se entreolharam várias vezes e viram, um no outro, o que admirar. Descobriram que se desejavam e que um gostaria de ser parte da vida do outro.

Da admiração passaram aos encontros, dos encontros ao diálogo frequente. Aproveitavam esses momentos para se conhecer de verdade.

Não era só instinto. Eram mais do que corpo querendo corpo, eram pessoa querendo pessoa. E aí começa toda a diferença entre amar e desfrutar.

Não eram frutos. Eram gente. Primeiro vem a pessoa e só depois os seus frutos.

Um ficou sabendo dos valores e das imperfeições do outro. Concluíram que os valores eram bem mais do que as imperfeições e que valia a pena caminhar juntos. Aprenderiam juntos. Frutificariam juntos. Seriam árvores entrelaçadas. Partilhariam suas seivas e sementes. Humanos conseguem!

Começaram a imaginar uma vida a dois. Partilhariam seus dons. O fruto seria da comunidade e do futuro. Um imaginava completar e melhorar o outro. Os dois admitiam que poderiam ser melhorados.

Não guardavam nem guardam rancor. Aceitavam e aceitam ser corrigidos. Ambos elogiam mais do que corrigem, mas entre eles prevalece a verdade.

Os desentendimentos são resolvidos com calma e sem gritos nem fechamentos. Mas um sabe o que agrada e o que desagrada o outro.

São ambos humildes. Nem ele se acha superior ou mais do que ela, nem ela se acha superior ou mais do que ele. Sabem o que e onde cada um sabe, pode e é mais do que o outro e quando precisam do outro.

Ouvem-se! Nenhum dos dois precisa gritar alto para ser ouvido. No conflito, que sempre aparece entre pessoas que vivem juntas, para não terem que se arrepender depois, sabiamente se dão um tempo. Passada a ameaça de tempestade, conversam serenos, sem mentira. Se fez admite que fez, se errou admite que errou, se há perdão a pedir, pede! É um grave desvio mental nunca admitir um erro pessoal.

O matrimônio é feito de perdão. Quem não sabe perdoar, **não deve casar-se. Quem se acha mais do que o outro, não deve casar-se. Quem acha que o outro tem que lhe dar tudo** do que precisa, não se case. Quem mais pede do que dá, precisa reaprender a viver, porque o matrimônio é mais se doar do que pedir.

E não pode ser medido de copo, de balde ou de canequinha: "Eu lhe dei tanto e você agora me devolve o mesmo tanto!". Sem renúncia e disposição de ir juntos não dá certo. Desde que o matrimônio existe, um cuida do outro e os dois cuidam dos filhos. Onde um mandou demais no outro, até deu certo, mas alguém foi esmagado para que as coisas dessem certo. Neste caso foi arranjo social, mas não foi matrimônio.

No matrimônio católico o sacerdote-testemunha é chamado a lembrar essas graças e ressaltar esses deveres. Porque o matrimônio feito de amor é direito e é dever. Quem só quer os direitos, **não se entendeu direito.**

Ela tem maturidade física e espiritual para ser esposa e mãe. Ele tem maturidade física e espiritual para ser esposo e pai. Nunca dizem que têm uma esposa ou têm um marido, dizem que pertencem: "Sou marido de Bianca, sou esposa do Pedro...". Falando dos filhos, dizem: "Pertencemos a Marta e ao Juliano, que são nossos filhos. Cuidamos deles até que atinjam suficiente maturidade".

Imaginemos este casal! Bianca e Pedro, Pedro e Bianca. Não imaginemos o outro: o que não deu certo! Cada um deles saberá o que os feriu para procurarem outra pessoa e tentarem mais uma vez. A Igreja luta, prega e até incomoda seus filhos com milhares de advertências para que o casamento seja um só e, venha o que viver, valha a pena.

Acabamos de imaginar o lar de Bianca e de Pedro. Agora é a vez de Ana e Tiago, Tiago e Ana. Vocês estão jurando que sabem o que querem, que não esquecerão as palavras de Jesus, que edificarão sua casa sobre a rocha, que foi caso pensado e que é um passo seguro e sereno.

Chamam-nos por testemunhas e seremos. Diremos sempre que viemos aqui e vimos e ouvimos vocês dizerem que sabiam o que queriam; vimos os dois assinarem os papéis do compromisso e convidarem padrinhos e amigos para presenciarem a sua entrega.

Estamos aqui para assistir ao nascimento de mais um lar católico. Oramos por vocês para que seu lar seja maduro, sereno e feliz. Nessa intenção procedamos à cerimônia do seu matrimônio.

Em nome do Pai e do Filho e do Espírito Santo!

Santo Deus, como você amava aquele homem!

Ele era bonito, e achou você bonita. Ele desejou você e você o desejou. Vieram os primeiros beijos e os sonhos. Com alguém assim você viveria feliz para sempre, fazendo-o feliz para sempre. Um dia você se entregou a ele. E o fez por muito tempo. Era bom e agradável.

Mas oito anos depois ele mudou. Negou-se a se entregar a você. Começou a mentir, chegava tarde em casa, com cheiro de álcool. E, num trágico dia, você descobriu que ele se drogava. Seu homem deixou de achar você bonita e desejável. Trocou você pela cerveja ou pela maconha.

E agora? Como vai reagir? Você tem uma filha de oito anos. Seu amor não está dando certo. Como mulher, qual será sua decisão? Vai dar uma chance a ele? E se ele não a quiser? Qual será sua decisão de esposa cristã?

A força da sexualidade

Quando você começou a aprender ciclismo ou a dirigir automóvel, errava muito. Custou um pouco até poder dizer que sabia andar de bicicleta e dirigir um veículo. Hoje suas decisões são fáceis. Você tem controle de seus movimentos e impulsos, e conhece mais ou menos a resposta do veículo. Mas teve que aceitar as leis de trânsito e disciplinar-se.

Alguns amigos seus, que fizeram o que queriam com a moto ou com o carro, acabaram no túmulo, ou em cadeira de rodas. E há os que feriram famílias inteiras. Quem vai ao volante não pode confiar demais em si ou no veículo. Tem que pensar, o tempo todo, nos outros.

Seu corpo também é um veículo. Com ele você se comunica. É através dele que você se expressa. Às vezes acontece o impulso de rir, de correr, de brincar, de zangar-se. Conforme a situação você se controla, mas em alguns casos, simplesmente, não consegue. Para muitas pessoas, o impulso de beber, fumar, drogar-se, bater, quebrar, ferir, gritar palavrão chega a ser tão forte que, quando menos esperam, já aconteceu. Depois lamentam, mas o mal já está feito.

Aquele rapaz que quebrou o queixo do amigo cedeu a um impulso perigoso. Deu-lhe um soco porque o amigo caiu sobre ele. Sem querer, mas levado por um momento de ira, perdeu o amigo de seis anos. Às vezes, perdemos valores incríveis por causa de nossos impulsos não controlados.

A sexualidade é algo profundamente enraizado na natureza humana, até porque, sem esse dom, nem sequer haveria seres humanos. Mas é um dom complexo. Em muitos casos, o desejo é tão forte que a pessoa se descontrola totalmente. Deixa-se levar, faz e só depois pensa. É como bater, roubar ou drogar-se. Quando algo muito forte nos leva a buscar prazer sem serenidade e sem responsabilidade, por nós mesmos ou pela pessoa que nos atraiu, alguma coisa dá errado.

O fogo e a água são forças. Controlados, só fazem bem. Descontrolados, desestruturam. A sexualidade é uma força vital, maravilhosa e cheia de mistérios. Controlada, nos faz mais pessoas; descontrolada, machuca, desvirtua e, às vezes, marca para sempre. Milhões de pessoas têm mil histórias para contar sobre seus impulsos sexuais. A maioria delas admite que teria acertado muito mais se tivesse aprendido a controlar o fogo das suas paixões, entre elas a paixão que leva ao sexo.

Não sei qual o seu caso. Mas tente refletir comigo. Quer ser feliz e fazer pessoas felizes? Então controle o rio que corre dentro de você e que se chama impulso sexual. Riachos selvagens parecem bonitos, mas, quando transbordam, arrastam vidas e o dano chega a ser irreparável. Canalize sua sexualidade. Dará mais água, mais vida e mais luz. Caminhe para um casamento sério ou um celibato sereno. E pense muito porque, em questão de sexo, quem não pensa acaba dando o que pensar!

Quando o sexo vem à tona

Lá estava você, criança, adolescente, prestando atenção em tudo ao seu redor e, dentro de você, às voltas com seus sentimentos e sua fome de pertencer ao grupo de amigos, ir lá e fazer coisas, mostrar aos pais e aos irmãos quem você era e podia ser. Passava tudo pela sua cabeça, menos a ideia de sexo.

Pouco a pouco, como acontece com a semente, ele foi aparecendo e brotando. Seu corpo e o corpo dos outros e das outras foram despertando atenção; aqueles sujeitos na escola, na esquina, aqueles cartazes, os filmes, as cenas de abraço, de beijo, de nudez e de cama começaram a lhe dizer coisas.

Talvez não tenha sido o seu corpo, mas milhões de jovens descobrem a malícia do sexo antes de lhe descobrirem a beleza. Provaram da fruta verde muito antes de lhe conhecer o verdadeiro sabor. São milhões os rapazes e as meninas que entre 13 e 19 anos sentiram o impulso e se entregaram a ele. Não resistiram. Não deu para segurar. Alguns nem quiseram segurar.

Há uma força vital dentro de cada ser humano que o leva na direção das outras vidas. Vem com o desejo de descobrir o outro, a si mesmo, o prazer que vem do outro, e, ainda que inconscientemente, com o desejo de ser o outro ou ter o outro. Tudo isso é função da futura paternidade ou maternidade. O ser humano nasce para ser feliz e procriar. E esse desejo permeia seus atos. Um dia o sexo acontece.

Que bom quando o primeiro e os outros atos sexuais acontecem com a pessoa certa, fruto de um sentimento bonito. Que bom quando é com respeito e carinho. Que bom quando nasce do amor e da gratidão e do desejo de dar felicidade ao outro. Que bom quando não deixa dor, nem medo, nem culpa, nem marcas, porque foi com a pessoa certa, do jeito certo, na hora certa.

Quando o sexo vier à tona, cuide bem desse sentimento. Bem cuidado, vai fazer muita gente feliz. É compensador. Malcuidado, vai machucar. Quem não aprendeu a controlar sua sexualidade, passa por isso. O sexo vem à tona e eles afundam. Respeite esta força!

A força do impulso e do desejo

É por causa do impulso e do desejo que há pai, mãe e filhos. Um homem deseja as formas e o jeito de uma mulher e uma mulher deseja a forma e o jeito de um homem; ambos se agradam e tentam agradar o outro, namoram, casam e geram filhos, porque o impulso os leva a continuar se desejando e se acasalando. Quando este impulso acaba e o desejo pela outra pessoa acaba; quando acabam os carinhos e as palavras de incentivo e gratidão; e quando o corpo deixa de desejar o corpo do cônjuge, ou a pessoa não mais desejada fica na casa pelo bem dos filhos, ou procura outro cônjuge que a satisfaça. É a história do amor que não deu certo.

Algo mais além do sexo

A Igreja Católica tem leis exigentes com relação à sexualidade. É combatida por isso. Mas é uma herança que vem de longe, passando por Paulo, Agostinho, Tomás de Aquino e por inúmeros papas. Nós não cremos que o ser humano seja dono absoluto do seu instinto, da sua libido e do seu processo de reprodução. O uso desse dom lhe é restrito. Resumindo: um católico não pode fazer o que quer com a sua sexualidade. A Deus ela pertence, como a Deus pertencem outros dons da pessoa humana.

Chamados à pureza

Por isso, entre nós exige-se de todos a castidade. Não somos anjos. Temos corpos que cumprem funções hormonais e nos levam aos poucos na direção de outros corpos. A criança é mais do que casta: é inocente, ingênua e pura. O corpo da outra criança é mais objeto de curiosidade do que de desejo. Passada a fase da inocência e da ingenuidade, esperam-se atitudes de pureza de quem deseja atingir a perfeição humana, e dessa busca nenhum católico está dispensado, mesmo que não a consiga. Diz Paulo que o corpo é para a perfeição, embora às vezes hospede o convite ao pecado (Rm 6,6-20). Ele é severo nesta epístola, que começa com severas exigências. Daquele que pretende ser de Cristo espera-se que não aja como os pagãos, que se entregaram sem nenhum pudor ou reserva à festa do corpo e do prazer (Rm 1,1-17).

Querer aquela mulher

Juízes (capítulos 13, 14, 15, 16)

A Bíblia é um livro de verdades. Narra a história de personagens fictícios ou verdadeiros, com o intuito de ensinar alguma verdade. E a verdade que emerge de Sansão é uma história de paixões e violências, de mentiras e de traições.

Sansão foi criado para ser um libertador do seu povo e foi dotado de uma força muito especial, que estava nos seus cabelos. Mais no cabelo do que no cérebro, como acontece com homens e mulheres de hoje...

Um dia Sansão apaixonou-se por uma mulher filisteia e disse peremptoriamente: "Quero aquela mulher para mim". Embora os pais fossem contra, acabaram concordando e pediram para ele a mulher em matrimônio. A mulher o traiu e, como vingança, Sansão cometeu sua primeira violência: matou as pessoas a quem ela contara uma adivinhação.

Ele, que tinha força para destroçar um leão, não hesitou e matou trinta homens por causa de uma mulher. E a sua mulher foi dada em matrimônio ao homem que tinha sido seu padrinho. Quando Sansão voltou e descobriu que ela tinha sido dada em matrimônio ao seu padrinho, outra vez teve um acesso de violência e incendiou trezentas raposas que incendiaram as colheitas dos filisteus. Estes, em vingança contra a mulher que os teria prejudicado, queimaram viva a não muito virtuosa mulher de Sansão e a família dela. Mas fora Sansão que "forçara a barra" para tê-la em seus braços...

Ainda não satisfeito com a situação, Sansão continuou suas violências. A história fala dele dormindo com uma prostituta, fala de mil homens que matou com uma queixada de jumento e outra vez fala da traição de Dalila, outra mulher que ele assumiu. Através de mentiras contadas por Sansão, ela acabou descobrindo onde estava a força dele: nos cabelos. No cérebro é que não estava!... O cara era um brutamontes que pensava pouco! Um tipo de Hulk daquele tempo, mas menos inteligente do que o dos filmes de agora.

Sansão finalmente pediu a Deus a última graça: que seus cabelos voltassem a lhe dar forças. E cometeu um gesto *kamikase*, empurrando as colunas de um prédio onde estavam as pessoas importantes da cidade que o prenderam. Suicidou-se, matando todos com ele.

O que emerge desta história? Que Deus apoia calúnia, mortes, incêndios, traições, ódio? Ou que um povo ainda rude não sabia lidar com as suas situações e mostrava o lado bom e o lado ruim de seus heróis? A verdade é que de Sansão não se conta quase nada de bom. Não soube escolher as mulheres, não soube conviver com os amigos, não soube usar a razão para nada. Era um gigante violento. Depois de Jesus, é impossível imaginar Deus abençoando alguém que faz o que ele fez. A religião evolui. Não que naquele tempo Deus apoiasse a violência e a brutalidade. Naquele tempo, como hoje, em muitos países gente violenta massacra os inimigos ou os inocentes e depois agradece a Deus por suas barbaridades. Pense no Boko Haram e no Estado Islâmico! E nas duas bombas atômicas jogadas em Hiroshima em retaliação pelo que os japoneses fizeram em Pearl Harbor.

Tomaram seu sexo de volta

O sexo hoje, para milhões de casais, não tem nada a ver com Deus. Não lhes parece um dom. Para milhões de jovens solteiros não tem nada a ver com o céu. É coisa daqui mesmo! O corpo é deles e farão o que acham que devem fazer, com quem acham que convém, na hora em que convém. Não aceitam oferecer nem submeter seus sentimentos e desejos à orientação de religião nenhuma e a deus nenhum. E se acreditam em Deus, determinam que Deus não se mete nesses assuntos... Então, o pregador que se cale, até porque muitos pregadores também não se seguram!

Em outras matérias, sim, mas nesta não ouvirão o céu! O que fazem com seus prepúcios, com seu aparelho genital e reprodutor é assunto pessoal, no qual não admitem interferência. Ao médico cabe ajudá-los a exercê-lo bem, mas a eles e só a eles cabe usar ou não usar com quem melhor lhes parecer conveniente naquela hora e naqueles dias.

O amor secularizado

Faz tempo que o sexo secularizou-se. Foi tirado da esfera do sagrado e não tem mais relação com a vida. Pode ter, mas não tem que ter.

Agora, existem a pílula e inúmeros dispositivos que separam o ato sexual do ato vital. Os humanos não estão livres do instinto e da paixão, mas estão livres da procriação. Deus não manda mais no pênis e na vagina, nem no útero, nem no esperma, nem nos óvulos. Também não manda mais no coração humano. Acabou a consagração do pênis, do ventre ou do prepúcio. Se naquele ventre se formar alguma vida, dá-se a ela o nome de zigoto, embrião ou feto, mas não de filho. E se não for conveniente encubá-la, extraem com a bênção do Estado. As igrejas que se calem ou sejam estrategicamente licenciadas com o apelido de ultrapassadas e conservadoras. Moderno é ter o controle da vida, da própria e da que por alguma razão começar num ventre feminino...

Separa-se para Deus não mais o prepúcio em sinal de submissão, e, sim, algumas dádivas ou um cheque, mas não a pessoa. Ainda há admiração por algumas coisas que Deus faz, mas mandar na vontade humana, Deus não manda mais: nem ele nem a religião. A vontade humana soberanizou-se. Mas isto já foi cantado no Salmo 2:

> [1] Por que se amotinam os gentios, e os povos imaginam vaidades? [2] Os reis da terra se levantam e os governos consultam juntamente contra o Senhor e contra o seu ungido, dizendo: [3] Desfaçamos seus nós, e sacudamos de nós as suas cordas. [4] Aquele que habita nos céus se rirá; o Senhor zombará deles. [5] Então lhes falará na sua ira, e no seu furor os turbará.

Dessacralização

A dessublimação sugerida por Marcuse, em resposta à supersublimação do corpo, dessacralizou o sexo. As igrejas buscam hoje superar seus próprios excessos e ressublimar o que foi dessublimado. Motivo: a dessacralização do corpo dessacralizou a vida, o sexo e, com ele, a procriação. Filho concebido não é mais visto como sagrado. Filho nascido, sim! E às vezes nem o filho nascido é amado como dom de Deus, porque é gigantesco o número de pais que rejeitam os filhos gerados: vão embora deles ou os deixam com quem os queira. *Fazê-los foi bem mais fácil do que querê-los, da mesma forma que fazer sexo com alguém é mais fácil do que querer este alguém*; isto quando o sexo não serve de isca e cilada para se conseguir dinheiro ou algum resultado interessante. Não são poucas as mulheres famosas que se despem e provocam a libido dos homens, e vice-versa, em troca de muito dinheiro para um novo apartamento. *Expor-se*, provocar libidos, tornou-se atividade lucrativa. Não se guarda mais o corpo para a pessoa amada. Não é mais moderno. Despir-se tornou-se conquista e virou indústria.

Perdida a sacralidade, vai-se a liberdade e a integridade do afeto. Ama-se ou gosta-se de parte da pessoa e não da pessoa. Doa-se parte e não a própria pessoa ao outro humano e a Deus. Do imenso mosaico que somos, tiramos algumas pedrinhas e as empenhamos por alguns momentos. Depois as queremos de volta porque doar para sempre não é coisa moderna. O poeta Vinícius de Moraes até cantou isso em verso e prosa, repetido à exaustão nos meios sofisticados: *Que seja eterno enquanto dure!* É a canonização do efêmero. Mas a sexualidade que não sai do efêmero deixa de ser sadia. É visita ao corpo alheio, mas não é encontro de almas.

A palavra é espiritualidade. Sem ela ninguém se entende, nem a si mesmo nem ao outro; nem entende o casamento nem o celibato. Onde Deus não entra, o homem costuma entalar...

Ressublimar o amor

Onde entra Jesus em tudo isso? O que tem a ver sexologia com cristologia? Ele liga amor com vida, carinho com palavra dada e com fidelidade e vida de eunuco com total consagração. Para Jesus o sexo é bonito, é unitivo, é dom, é entrega e é definidor. Ou se dá a alma ou não faz sentido dar o corpo. Nenhuma relação sexual é conquista se da parte de ambos não houver o carinhoso cuidado pela pessoa que Deus lhes deu como dom do céu.

Utopia? Se o mundo tem os seus Shangri-las, seus Eldorados e suas Mil e Uma Noites, por que não podem os discípulos de Jesus cultivar a utopia de uma família que só a morte pode separar, ou de uma sexualidade que deságua na eternidade?

> Do coração procedem os maus pensamentos, mortes, adultérios, prostituição, furtos, falsos testemunhos e blasfêmias (Mt 15,19).

> Bem-aventurados os limpos de coração, porque eles verão a Deus (Mt 5,8).

> Que proveito tira o homem em ganhar o mundo inteiro, se perder a sua alma? Ou que dará o homem em troca de sua alma? (Mt 16,26).

> Não são mais dois, mas uma só carne. O que Deus uniu, homem algum o separe (Mt 19,6).

> Ninguém tem maior amor do que este: dar a vida por seus amigos (Jo 15,13).

Lindo corpo de mulher

Era um prodígio de ser humano feminino. Como era bonita! Dos velhinhos aos jovens, homens, mulheres, negros e brancos, todos admitiam: era a mulher mais bonita que já tinham visto.

Caminhava com a desenvoltura e a graciosidade de uma garça. Era o sonho de todo homem na idade de casar e o orgulho de todos os pais. Quem não queria uma filha gentil, estudada, bonita e bem-educada como aquela?

Ela sabia disso. A beleza nunca lhe subira à cabeça. Parece que adivinhava! Um caminhão que se perdeu na curva, para desespero do motorista, arruinou sua beleza. Oito meses de hospital e ela voltou amarrada em uma cadeira de rodas, rosto reconstruído e cortes profundos por todo o corpo. Tinham destruído o mais lindo monumento da região e do estado!

Naquele dia de *Corpus Christi* o padre lhe passou a palavra. Ao lado do altar, no púlpito de sua cadeira de rodas ela disse, arrancando lágrimas de todos: "Vocês me viam desfilar minha beleza pela cidade e me abençoavam, galanteavam, propunham noites de amor e, os que me respeitavam, me queriam como esposa. A cidade tinha orgulho de mim porque, pelo meu rosto, minha pele, meus olhos e meu corpo, que herdei de meus pais, eu era um monumento vivo. Casei-me e meu marido soube cuidar de mim com enorme respeito. Tivemos dois filhos lindos, que meu corpo amamentou. Achei que soube ter o meu corpo e usá-lo corretamente. Tudo mudou naquele acidente. Hoje tenho meu corpo crucificado a esta cadeira. Ele já não inspira desejo nem admiração. Foi quebrado em oito lugares. Tudo que tenho a oferecer é minha luta, meu sorriso, minha paciência e meu olhar resignado. Mas tenho orgulho de ser católica. Nossa igreja todos os dias me oferece o Corpo de Cristo, que também foi torturado e massacrado naquela cruz, e hoje se oferece em sacrifício pelo povo. Eu estou oferecendo o meu por esta cidade. Vocês não me veem me queixando. Continuo por ser filha, esposa, mãe e mulher. Meu corpo não me atrapalhava nem me atrapalha agora. Eu sempre acreditei no Corpo de Cristo".

2

Matrimônio, sexo e ternura

O riacho da sexualidade

Para os católicos a doutrina sobre instinto sexual, libido, desejos da carne é clara e exigente: seu lugar é o matrimônio. Fora dele, o cristão os guardará, por mais difícil que seja guardá-los. São sensações e sentimentos envolventes, exigentes e abrangentes. Mexem com a pessoa em todas as dimensões do seu ser. É como um riacho que passa pelo território de um ser humano. Canalizado e controlado, irriga, mata a sede e produz energia e luz. Solto e sem controle, suja, inunda e provoca desastres. Faz mais mal do que bem, mais destrói do que edifica.

Se por si só já é difícil ser casto, isto é, guardar os impulsos da carne e os desejos de se completar, até que alguém muito especial apareça em nossa vida, fica mais difícil este guardar-se quando se vive numa sociedade onde a nudez, as danças, as conversas, as novelas, os filmes e as fotos nos convidam o tempo todo para descarregar a libido e não reprimi-la. Havendo quem queira, por que não? Acrescente-se a isto o triste fato de que há toda uma indústria voltada para o corpo, a nudez e o sexo. Movimenta bilhões de dólares em filmes, canções, televisão, espetáculos, casas especializadas, trajes, revistas, livros, todos eles dizendo: "Beba destas 'águas'". Atores e atrizes espalham a notícia de que é bom, fazem sexo e entregam-se sem compromisso, e parecem felizes! Não deu certo, separam-se e procuram outro parceiro!

Aí está o cerne da questão. Para a Igreja Católica o outro é muito mais do que parceiro. É algo que ultrapassa a esfera do biológico, da atração fatal, do desejo e do impulso. É mais do que um querer. É um "amar"! Não tendo esta certeza nem este projeto, dificilmente se transforma em sacramento: sinal sagrado! Fica na esfera da paixão. É riacho selvagem e descontrolado!

Quando num relacionamento de casal só funciona o "eu te gosto", em pouco tempo os dois correm o risco do "eu te encosto". Um casamento vira descartável quando entre os dois só vale o impulso da carne. Tem que haver atração espiritual, senão mais cedo ou mais tarde um se cansará do outro. O sexo não segura uma relação a dois. O carinho e o respeito, sim.

Para a Igreja Católica, sexo é ternura. Mais do que querer o outro, é querer o bem do outro. Mais do que "eu te quero comigo", é um "eu te quero feliz". "Quero caminhar junto, posso pôr mais alegria neste rosto e mais paz neste coração. A gente tem o que oferecer um ao outro e juntos podemos dar algo de sólido e substancioso à comunidade. Nosso amor é fruto sadio e bem-cuidado!" Sem ternura, respeito e delicadeza ante o mistério que há nele ou nela, o matrimônio fica apenas na dimensão do instinto. É riacho sem controle; não vai irrigar direito, não serve para beber, nem produz energia, e o que é pior: não mata a sede.

Extremamente vaidosos

Narciso, segundo a mitologia grega, era um jovem extremamente bonito e também extremamente vaidoso. Era a última cereja do bolo do mundo. O pobrezinho não se dava conta de que era pouco inteligente. Não sabia relacionar-se com os outros: nem com homens nem com mulheres. Nutria um amor excessivo e mórbido por si mesmo. Filho do rio Cefiso e da ninfa Liríope, aceitava os elogios que recebia e os multiplicava ao extremo. Mais inteligente e bonito do que ele, não havia nem haveria ninguém.

Por isso, não conseguia amar ninguém. Não precisava de ninguém. Afinal, ele era Narciso, o grande, o belo, o sujeito, o cara! Feriu muitos corações masculinos e femininos. Conquistava e depois ignorava e cuspia fora de seu círculo. Afinal, ele era quase um deus, misto de homem e mulher que fazia homens e mulheres se apaixonarem por suas formas.

Mas achava-se também muito inteligente. O modo como morreu, segundo a mitologia grega, mostra que ele era incapaz de autoanalisar-se. Morreu afogado quando se apaixonou pela primeira vez por alguém mais bonito do que ele. E este alguém era ele mesmo refletido nas águas. Mergulhou para encontrar esse rapaz lindíssimo. E nunca mais voltou. Não lhe ensinaram, ou ele não quis aprender, que havia gente mais inteligente e mais bonita do que ele...

Algumas mulheres sofrem desta síndrome. Mas, no caso delas, são como Cassandra. Apolo, que era filho de Zeus, irmão gêmeo de Diana (Ártemis), era um deus superdotado: era o deus do sol, das artes, da medicina, da música, da poesia e da eloquência. Um dia, apaixonou-se pela linda Cassandra, que além da beleza não tinha muitos dons. Apolo então lhe ensinou a arte da profecia. Assim que aprendeu a profetizar, Cassandra abandonou o deus Apolo que lhe dera este dom. Como castigo, Apolo determinou que nunca ninguém levaria a sério as suas profecias, porque era linda, mas ordinária! Não quisera o lindo deus Apolo e, sim, o que poderia tirar dele!

Alguns homens sofrem do encanto por si mesmos. Sentem-se um cruzamento do belo deus Apolo com o mortal mais irresistível, Narciso. De tal maneira se autovalorizam que sentem necessidade de provar que são mais bonitos, mais inteligentes e mais instruídos que os outros. E adoram discutir e ganhar as discussões. Quando entram numa discussão, é melhor deixar que eles vençam, porque não desistirão até convencer a todos que seus argumentos são imbatíveis. Em geral se excedem nas discussões e machucam as pessoas que lhes querem bem.

Encontram dificuldade de amar as mulheres com quem se casam e contam com dois ou três divórcios na lista. Com o tempo perdem a admiração pela mente ou pelo corpo das mulheres com quem se casam e deixam de brindar suas mulheres com sua macheza e sua estonteante beleza masculina. Não precisam mais delas, porque se satisfazem consigo mesmos. Castigam suas lindas mulheres porque não aceitam se curvar a seus encantos físicos e intelectuais. Já que elas não aceitam seus argumentos, não terão mais o seu corpo. Na casa dele, o único inteligente é ele.

A extrema vaidade atinge a libido, que ele volta para si mesmo. Ele se satisfaz na contemplação de sua brilhante pessoa. É um pouco de Epimeteu, irmão de Prometeu, filhos de Jápeto; este, um dos doze Titãs. Sua característica é primeiro falar e fazer e, só depois, pensar. Perde amigos e parceiros porque precisa vencer a todos com seus argumentos. É um discutidor por opção. É como se isso estivesse no seu DNA. Não espere que ele aceite tratamento psicológico. Ele sabe mais do que qualquer psicólogo ou psiquiatra. É especialista em si mesmo. Não importa qual o assunto, se ele entrar nele, por menos que saiba, levará a discussão até à briga. O adversário terá que admitir que perdeu a contenda.

O problema desse tipo de pessoa é que não importa se é ou não amada. Ela se ama e é o quanto lhe basta!

O sexo que desafia as igrejas

Falemos de sexo sem a preocupação de ferir os outros ou de desobedecer a Deus e à Igreja. Imagine um bolo gostoso e até mesmo delicioso. Alguns não podem nem chegar perto porque enjoam; outros não podem nem mesmo comer um pedaço porque sofrem com açúcar demais no sangue: têm diabetes e precisam de outro tipo de bolo. Comem bolo, mas sem açúcar e sem os outros ingredientes que atrapalham sua vida.

E há outros que comem demais e enjoam pelo excesso. Perdem o gosto de continuar. E há os que podem comer e sabem que há limite para si e para a pessoa amada. Não atocham bolo na pessoa amada e não aceitam lambuzar-se de bolo só porque o outro tem um grande apetite por bolos...

Você já percebeu onde quero chegar. Sexo é como pudim. Pode ser delicioso, mas não para todos. Para crianças faz mal. Para adolescentes também. Para adultos, é bom com critério e elegância. Demais faz mal. Empurrado na pessoa amada, faz mal. Para alguns o limite é maior por razões da própria pessoa e dos seus próprios ideais de vida. E há os que sabem fazer uso da sexualidade como pessoas, como cristãos e como marido e mulher. Só pode fazer bem quando os dois sabem os valores e os riscos da sexualidade mal controlada.

Para entender a carta de Paulo aos Romanos, convém lembrar a formação helenística de Paulo. Ele conhecia, e muito bem, a cultura grega. Muito provavelmente conhecia o famoso discurso do confesso homossexual Ésquines contra Timarco e as poesias de pedófilos famosos como Teógnis e Meleagro.

O texto de Romanos 1,18-32, severamente criticado por *gays* e homossexuais, deve ser lido no contexto da comunidade cristã, que rompia com aquelas práticas. Era um libelo contra a sexualidade até então vivida por gregos e romanos. Paulo delimitava o sexo à dimensão homem-mulher e, este, à dimensão familiar.

[18] Porque do céu se manifesta a ira de Deus sobre toda a impiedade e injustiça dos homens, que detêm a verdade em injustiça. [19] Porquanto o que de Deus se pode conhecer neles se manifesta, porque Deus lho manifestou. [20] Porque as suas coisas invisíveis, desde a criação do mundo, tanto o seu eterno poder como a sua divindade, se entendem, e claramente se veem pelas coisas que estão criadas, para que eles fiquem inescusáveis; [21] porquanto, tendo conhecido a Deus, não o glorificaram como Deus, nem lhe deram graças, antes em seus discursos se desvaneceram, e o seu coração insensato se obscureceu. [22] Dizendo-se sábios, tornaram-se loucos. [23] E mudaram a glória do Deus incorruptível em semelhança da imagem de homem corruptível, e de aves, e de quadrúpedes, e de répteis. [24] Por isso também Deus os entregou às concupiscências de seus corações, à imundícia, para desonrarem seus corpos entre si; [25] pois mudaram a verdade de Deus em mentira, e honraram e serviram mais a criatura do que o Criador, que é bendito eternamente. Amém. [26] Por isso Deus os abandonou às paixões infames. Porque até as suas mulheres mudaram o uso natural, no contrário à natureza. [27] E, semelhantemente, também os homens, deixando o uso natural da mulher, se inflamaram em sua sensualidade uns para com os outros, homens com homens, cometendo torpeza e recebendo em si mesmos a recompensa que convinha ao seu erro. [28] E, como eles não se importaram de ter conhecimento de Deus, assim Deus os entregou a um sentimento perverso, para fazerem coisas que não convêm; [29] estando cheios de toda a iniquidade, prostituição, malícia, avareza, maldade; cheios de inveja, homicídio, contenda, engano, malignidade; [30] sendo

murmuradores, detratores, aborrecedores de Deus, injuriadores, soberbos, presunçosos, inventores de males, desobedientes aos pais e às mães; [31] néscios, infiéis nos contratos,
sem afeição natural, irreconciliáveis, sem misericórdia; [32] os
quais, conhecendo a justiça de Deus (que são dignos de morte os que tais coisas praticam), não somente as fazem, mas
também consentem aos que as fazem.

A luta dos homossexuais de agora e os debates e combates que
eles sustentam contra católicos e evangélicos atingem contornos
filosóficos, políticos e religiosos. As religiões pagãs daqueles povos
aceitavam troca de afeto e relações sexuais entre homens, e não
viam como deletérias as relações entre um adulto e um rapaz. Era
raro o relacionamento entre dois adultos ou entre dois jovens. O
erastés e o eromenos, desde o 4º século antes de Cristo, eram vistos com tolerância. A julgar por um texto de Hesíodo de 800 a.C.,
os vínculos familiares não eram muito sólidos naquela civilização.
Havia acentuada inclinação para o amor do mais velho pelo mais
jovem e a dimensão das relações com as mulheres era outra. A
essa cultura que vigorava havia muitos séculos, à medida que cres-
cia em número, os cristãos reagiram.

O sexo nunca foi assunto fácil de enfrentar, porque nem sempre
foi enfrentado com serenidade e equilíbrio. Facilmente se transforma em confronto, intolerância e repressão.

Para entender melhor o Brasil de hoje, a licenciosidade dos trajes de praia, as cenas fortes de sexo e de nudez na mídia, a ousadia dos *outdoors*, as piadas de cunho homossexual que se ouvem
em programas humorísticos, a preferência por piadas de sexo que
riem do homem corno e do homem *gay*; para entender tudo isso
será preciso voltar a um período da antiga Grécia, onde se desen-
volveu uma civilização que idolatrava a estética.

A beleza masculina triunfara; via-se a mulher como um ser bonito, mas problemático; cantava-se a formosura do menino ou do rapaz e dava-se menor valor à beleza da mulher. Os gregos daqueles dias não administravam bem as diferenças de psique. Viam o feminino não tanto como complemento, mas como contraponto ao belo masculino. Filósofos chegaram a dizer que a companhia de um rapaz era mais agradável do que da mulher.

O problema não era tanto o corpo e o sexo, mas as consequências e as injunções da presença feminina. Nada indica que a mulher grega não fosse formosa, ou fosse de difícil convivência. Mas o culto ao belo pode ter influenciado a preferência pelo homem, cujo corpo na juventude até os 30 anos sofria menos as consequências do sexo ou da maternidade.

Como os gregos chegaram a isso, os historiadores explicam em maiores detalhes, começando pelo que se sabe do século VIII a.C. e indo até dois séculos antes de Cristo. O belo (*kalós*) aparentemente tinha outro significado na cultura grega. Englobava o esbelto e o bem construído. Hoje, que as mulheres frequentam academias e mantêm, também elas, um corpo sarado, entende-se que os apelos sexuais daqueles dias incluíssem corpo jovem e bonito. Os homens o cultivavam mais do que as mulheres. O esporte era mais do homem do que da mulher e a nudez mais coisa de homem do que de mulher.

O culto à forma, ao corpo, ao prazer, ao companheirismo, de certa forma isolava o sexo do amor e o homem da mulher. Casava-se não por amor, mas por procriação, heranças e alianças. Amor e casamento não andavam juntos. O prazer também não era ligado a compromisso e a fidelidade. Por mais que alguns filósofos e pensadores alertassem contra relações estéreis e sem ágape, o amor erótico e não poucas vezes a porneia dominaram cenários e muitas épocas. Os vasos de cerâmica e os livros conservados até hoje o atestam.

O que hoje se lê nas cerâmicas, nos vasos e em comédias e livros que sobreviveram aponta para um tipo de sociedade na qual o nu, o sexo em público, a pederastia e a pedofilia eram aceitos, ao menos em alguns setores das sociedades gregas, porque em Ellas, Grécia, não havia apenas uma sociedade. Variavam de cidade para cidade. É conhecida a distância cultural entre Atenas e Esparta!

Os debates e embates nas últimas eleições presidenciais do Brasil dão uma ideia de como era a Atenas daqueles dias. Quem debatia não era julgado por um juiz, mas pela opinião pública. E quem convencesse mais o público sobre suas capacidades e qualidades pessoais e sobre os deslizes, desmandos e incapacidades do outro, ganhava o debate. Valia a arte de convencer, sem muitas regras de conduta ou de ética. Foi exatamente o que houve nas últimas eleições.

O público decidia quem mentira menos, quem envolvera mais o outro, mas não estava em jogo a lisura, o conteúdo, a verdade ou a mentira, e, sim, a habilidade retórica de provar que um era mais apto no discurso que o outro! Os espertos Malasartes, os cômicos e os Macunaímas acabam ganhando a simpatia do povo, mesmo que não tenham projetos sérios. Dizem a palavra simpática, do jeito simpático e na hora certa, mesmo que não seja palavra certa e verdadeira...

Não era diferente na Grécia dos oradores sofistas e casuístas. Vivia-se nessa sociedade claramente individualista, pragmática, sofista, dedicada a vencer a qualquer preço com louros para o vencedor, cada qual buscando sua liberdade, sua autoafirmação e seu direito ao prazer. Confundia-se felicidade com prazer sensorial.

O cultivo do espírito era coisa de poucos, por mais que hoje se decante a democracia e a cultura grega. Quem não quisesse, não se metesse e não olhasse. Seria o caso de dizer, se naquele tempo tivesse televisão: "Se não gosta, mude de canal!".

Palavras como *erastés e eromenos* nem sempre significavam sexo homossexual, mas na maioria das vezes, segundo alguns autores, referiam-se à atividade sexual masculina de um adulto com outro mais jovem. Alimentava-se a cantada e a perseguição e admirava-se o jovem que conseguisse fugir dela. Ao adulto era permitido tentar. Do jovem esperava-se que soubesse tirar proveito da situação.

Personagens como Ganimedes, Titônio, Apolo, Narciso eram retratados como de beleza que enfeitiçava homens e mulheres, e até Zeus, o maior dos deuses... O próprio Zeus teria ímpetos de homossexualidade! Autores como Platão, Teógnis, Aristófanes tratavam abertamente da homossexualidade como comportamento aceito na sociedade de Ática e de Elas. Atenas e as outras cidades gregas, tudo no seu devido tempo, viveram esta moral. Apenas o homossexual prostituto era punido, como foi o caso de Timarco, que fazia sexo por dinheiro. Mas não se punia nem a pedofilia nem o sexo livre entre homens.

Não entenderemos o movimento *gay* e seu grito "dignidade já", que hoje leva milhões às ruas e nos desafia numa sociedade de maioria não *gay*, se não entendermos que algumas sociedades já aceitaram como natural o fato de um homem seguir a disposição para buscar prazer sensorial com pessoa do mesmo sexo, preferindo-o ao contato com o outro sexo.

Uma leitura da História do sexo aponta para eunucos, homossexuais, meninos, meninas ainda adolescentes e mulheres, usados contra a vontade para o prazer de ricos, aristocratas, imperadores, senhores e patrões, dominadores e guerreiros. E havia também as prostitutas que viveram da indústria do prazer sexual remunerado. Cada sociedade reprimiu, aceitou, incorporou e até cobrou impostos com esta atividade imensamente rendosa num tempo de poucas indústrias e pouca oferta de trabalho.

Entre as religiões, muitas se opuseram. Mas havia também aquelas nas quais o homossexual era aceito e acolhido e galgava postos de comando. Egito, China e Grécia são exemplos. Variava com a dinastia. Mulheres virgens eram supervalorizadas e até tinham *status* de nobreza, mas muitas mulheres públicas também influenciaram reis e governos por suas prestações de serviço sexual e por organizarem uma indústria lucrativa e até mesmo vista como salvaguarda às demais mulheres, posto que se entendiam como lugares de descarrego da libido masculina...

A longa história do sexo

Na longa e acidentada história do sexo é bom acentuar os povos e as épocas. A mesma razão que levava as mulheres nômades de 11 mil anos atrás a terem filhos de sete em sete anos, no máximo dois durante uma vida que raramente passava dos 25 anos, hoje também leva as mulheres a terem no máximo um ou dois filhos: a dificuldade de mantê-los.

Naquele tempo, a natureza era hostil para com as mães. Hoje, a hostilidade é a do mercado, que com seus preços exorbitantes dificulta a manutenção de mais de dois filhos. Há 11 ou 9 mil anos atrás não se produzia o suficiente. Não havia agricultura. Hoje há, mas o dinheiro não dá para comprar conforto para mais de dois filhos. Se o conforto de hoje é incomparável, as necessidades de hoje são insaciáveis. A mãe de 11 milênios atrás consumia pouco, mas o pouco era quase impossível de ser encontrado. Era coisa de chance e acaso manter o filho vivo até os quinze anos.

Não é que as coisas tenham mudado. Hoje quem mais morre por conta da violência são jovens de menos de 25 anos. Nos tempos de agora, manter um filho vivo e bem-educado, com qualidade de vida, consome cerca de 18 horas diárias de trabalho do casal. E não são poucos os casais que perdem os filhos para os traficantes. Somadas suas horas de trabalho, o casal precisa controlar os mais de 40 compromissos assumidos pelo bem da casa, dos filhos e do futuro.

As mães da era nômade não tinham contas para pagar e não tinham mais filhos, não porque não quisessem, mas porque ainda não havia agricultura de subsistência. As de hoje têm a subsistência garantida, desde que conheçam as normas da sobrevivência financeira e possam pagar o supermercado, as prestações e os impostos...

Onde entra o sexo? Em muitas situações, é diversão para quem tem lazer e ócio; em outras é válvula de escape para quem sente que a vida é proibida ou sem sentido. O prazer da hora lhes cai bem. Vira desafogo. Apagam o fogo onde podem apagá-lo, e com quem puder apagar, de graça ou por algum dinheiro que sobra; às vezes até com o dinheiro que faltará aos filhos e à esposa.

Outros entregam seus bens a alguma igreja como forma de apagar um outro fogo que também lhes rói a existência. Mas todos compram prazer, sucesso, garantia de sobrevivência feliz! Tudo custa dinheiro ou submissão. E sempre há quem cobre caro. Isso também explica até o conforto, os aviões e a riqueza pessoal de alguns religiosos que oferecem seu *know-how* sobre Deus, mas exigem pagamento.

Nada vem de graça. Nem mesmo a graça que em muitas igrejas, sem o menor disfarce, está associada ao dízimo. Pagou, ganhou; não pagou, espere castigo do céu!... Sempre há quem venda e cobre a porcentagem pelo *know-how*! A prostituta por uma razão, o comerciante por outra, o governo por ainda outra e os pregadores por totalmente outra. Mas, sem pagar, não leva!...

Gratuidade e gratificação

Desapareceu a gratuidade do amor conjugal e das relações humanas. Há, hoje, uma relação homem e mulher que não satisfaz a um segmento da sociedade. Por isso há homens que não desejam mulheres e mulheres que não desejam homens. O sexo heterossexual não os satisfaz nem atrai. Nem eles nem elas sabem explicar por que razão seus sentimentos convergem para alguém com as mesmas formas. Os muitos estudos não são conclusivos. Continuam contestados. Até as religiões acentuam que, em muitos casos, a pessoa não se torna homossexual: descobre que é. Depois disso, precisa decidir se assume seu desejo ou se o controla por algum motivo maior.

Nos parágrafos 29 a 32 do discurso de Ésquines, ele mesmo declaradamente homossexual, se lê a respeito do cidadão *peporneuménos* ou *hetairekós*, isto é, homem que vende seu corpo para sexo: "O legislador considerou que qualquer um que tenha vendido o próprio corpo, para que outros o tratassem como quisessem (*hybris*), não hesitaria, tampouco, em vender os interesses da comunidade como um todo".

Ali, mesmo sendo ele adepto do relacionamento homossexual, mostrava uma sombra de preconceito. Afinal, outros cidadãos heterossexuais também vendiam a pátria por outras razões. Mas condenava-se o ato de *porneusthai*, ganhar dinheiro com sexo. Pornografia é, pois, ganhar dinheiro vendendo, escrevendo ou mostrando sexo. Isso era condenado. Aceitava-se sem grandes questionamentos o sexo *gay* sem preço. Péricles, famoso político, não hesitou em viver com a ex-prostituta Aspásia a partir do momento que ela se mostrou fiel a ele. Não houve compra.

No caso de Timarco, o raciocínio foi: "Se não tivesse vendido seu sexo, por mais reprovável que fosse seu ato, não mereceria punição porque não teria misturado liberdade sexual com comércio do corpo". Era abominável para um cidadão grego vender-se. O que se condenou não foi o ato de *kharizesthai* (troca de carinhos), mas a *hybristés* (o vale-tudo, exploração da outra pessoa), o ato de *porneusthai* (prostituir-se por dinheiro) e de *hetairen*.

Ninguém poderia vender-se por sexo, nem vender mulheres, meninas ou meninos. Era severamente punido o pai que vendesse filha ou filho para fins de sexo (*hybristés*). Aceitava-se a fornicação, mas não a prostituição.

Séculos depois, à medida que avançaram outras filosofias e religiões, filósofos e, mais tarde, religiosos proibiram aos casados também a fornicação, porque também lesava os direitos do cônjuge e feria a gratidão. Mais adiante o sexo passou a ser aceito só dentro do casamento! Os cristãos já estavam em cena.

Antes dos cristãos, os estoicos haviam tentado purificar a relação conjugal e carnal. Mas foram os cristãos que, a partir do primeiro século, implantaram a exigência de sexo responsável e por amor, por dever e por justiça, obrigatoriamente hétero.

Na velha Grécia, contudo, assim que a religião pagã foi perdendo conteúdo e força, as autoridades fizeram vistas grossas e deixaram de interferir na vida sexual das pessoas. Também entre os cristãos, com o passar do tempo, em muitos países o princípio era um, mas a prática outra. De povo em povo, assim que o Estado se libertava da influência da religião, adotava medidas mais liberais para com o exercício do sexo fora do casamento. Salvaguardava-se o interesse e os direitos do cônjuge ou da cônjuge e dos filhos. Amancebar-se, ter amantes, ter sexo extraconjugal tornaram-se atividade aceita, desde que...

O "desde que"... vigora até hoje, por conta da insatisfação da pessoa que não se sente devidamente valorizada numa união. Há quem procure sexo e há quem procure atenção. As religiões precisam lidar com todas estas situações e oferecer caminhos para aquele ou aquela que, crendo em Deus, precisa canalizar seus instintos sem cair em desespero, culpa ou desbragada licenciosidade.

Deus nunca disse nada sobre isso?

O argumento de que Deus nunca disse nada sobre este ou aquele comportamento, ou de que as religiões e igrejas no passado permitiram, é insuficiente, porque os tempos mudam e a sociedade se abre ou se fecha para determinados comportamentos à medida que oferecem risco maior ou menor. Até mesmo regimes ateus lutam pela família por ver que excessiva abertura na questão do sexo prejudica a vida social dos " companheiros" ou "camaradas". Foi assim na Rússia, na China, na Romênia, no Camboja, e é assim em grupos de guerrilheiros.

Com a evolução dos direitos da mulher e da criança, se ontem se aceitava a pederastia e a pedofilia, hoje a sociedade tem leis duríssimas contra tais atitudes, porque o direito tornou-se mais exigente. Por outro lado, enquanto evoluiu a defesa da criança e do menino bonito perante o adulto que os cobiça sexualmente, praticamente os mesmos que defendem a criança indefesa apoiam o aborto contra o feto indefeso. Há quem alegue que o aborto é uma violência contra a mulher, esquecidos de dizer que também o é contra o feto. Falam do ponto de vista da grávida em risco de lesões e de morte, e esquecem o ponto de vista do nascituro exterminado. Estabelecem tamanho e idade para começar a defender uma vida humana...

Debate delicado, hoje, defensores do aborto, da união entre *gays* e homossexuais assumidos advogam direitos. Uns, como cultura e orgulho *gay*, lutam por seu direito de amar alguém do mesmo sexo e assumir sua relação em público. Outros, pelo direito de a grávida decidir, usam a expressão "direito de escolha", "pro-choice". Só não dizem que, ao escolher a grávida, aceitam a morte do seu feto. Ao defender a saúde da que não quer ser mãe, optam pela morte daquele que, se pudesse falar, quereria viver. Deveriam utilizar o termo "pro-pregnant-choice", que seria ao mesmo tempo "anti-fetus-choice". Já a escolha da união *gay* não implica morte, e, sim, rompimento com uma visão de família. Mas ambos querem mudanças no Código de Direito Civil.

Se houve sociedades que permitiram, eles querem hoje a mesma liberdade; mas todos concordam que não se deve vender sexo, nem permitir estupros ou sexo não consentido. E, no caso de consentimento, quem consente precisa ter maturidade suficiente para consentir.

Não admitem que se confunda prostituição com homossexualismo, nem pedofilia ou outros crimes com ser homossexual. De fato, isso precisa ficar claro, para que, mesmo discordando, não se cometam injustiças. Também eles advogam uma moral e um comportamento de respeito ao outro. Mas, com consentimento, e tendo esse adulto liberdade para escolher, advogam o direito de amar, ainda que alguém do mesmo sexo. Querem também o direito de adotar filhos e criá-los a dois.

O pregador cristão baterá de frente com tais ideias. Uma sociedade que ainda hoje se pauta pelas normas cristãs, embora veja tantas injustiças no seu meio, vê a luta por práticas sexuais e maritais não cristãs tomar vulto e não pode calar-se por nenhuma razão neste mundo. Trata-se de valores inegociáveis.

Igrejas cristãs observam o aumento das fileiras de quem defende o aborto em qualquer fase da gestação, o aumento do número de *gays* e lésbicas nas avenidas a reivindicar seus direitos e, também, a luta sem tréguas de uma sociedade que não admite nem vai admitir turismo sexual e, pior ainda, crianças vendendo sexo ou sendo vendidas para sexo em motéis e estradas. É moral ambígua, que também atinge as igrejas, uma vez que estas fizeram e ainda fazem vistas grossas em suas fileiras quando pregadores da fé acusados e provadamente envolvidos com homossexualidade permanecem nos seus postos.

O visual na antiga Grécia e na antiga Roma era menos impactante do que o visual de hoje. Eles não tinham os recursos de agora. Nossa sociedade começa a ver com tolerância seus adolescentes, enamorados ou não, a praticar um sexo para o qual não estão preparados. Crianças e adolescentes são expostos a uma enxurrada de cenas de nudez e de sexo em plenas tardes de televisão. A internet permite acesso a verdadeiras orgias sem possível controle parental, porque nem sempre a busca é feita dentro de casa. Aumentam as grávidas adolescentes, e, em algumas cidades, a Aids é três vezes maior entre adolescentes grávidas. Não estavam preparadas e não souberam escolher parceiro nem se cuidar.

Cresce o número de pais solteiros e, via de regra, o número de abortos. Aumenta a violência sexual, a violência doméstica por conta de um sexo apressado e, depois, mal vivido. Quem queria todas as liberdades começa a gritar por cerceamento de algumas delas. Querem liberdade sexual, mas com limites e punições para quem passa do limite crucial. "Com crianças, não! À força, não!" Então o sexo nunca deve ser totalmente livre! Não deixa de ser uma descoberta significativa!

Pais que há menos de quinze anos eram a favor de sexo e amor livre e o praticavam, agora, com filhos em casa, descobrem a importância das paredes e da cumplicidade silenciosa na hora do sexo, do controle da televisão, da internet, da roupa, do vídeo e das canções, porque sua cabeça mudou quando o ventre dela se alargou para hospedar um pequeno e bem-vindo intruso...

As pessoas mudam, a sociedade muda e merece aplausos quando muda para melhor. Combatam-se mudanças que – a História o registra – fatalmente desembocaram em sofrimento para todos.

Quando o sexo transborda

Riachos, por mais bonitos, límpidos e livres que sejam, às vezes transbordam, enchem-se de lama e precisam ser canalizados. Nem tudo é lindo e maravilhoso como o riacho que passa no fundo de nosso quintal. Depende das chuvas e das tormentas na cabeceira. O sexo é este riacho. Nem tudo nele é lindo e maravilhoso. Depende do que vem das sarjetas e das cabeceiras.

O que deve fazer uma Igreja cristã? Não se barra um riacho de maneira ingênua nem com engenharia errada. Ele acabará explodindo aquela barreira. Canaliza-se e deixa-se alguma vazão, controlam-se seus estágios com diques e lagoas e purifica-se aos poucos o que é uma força da natureza. Proibir e ameaçar com inferno chega a ser ridículo. Liberar tudo, como se isto fosse moderno, é outra atitude ridícula. Sexo é força da natureza e forças da natureza supõem algum controle.

Não há por que uma Igreja ter medo de discordar dos que defendem outras ideias em nome da modernidade. Ela tem, no mínimo, vinte séculos de Jesus e viu o que acontecia nas sociedades pagãs da Grécia e de Roma; sabe dos séculos que precederam Jesus, dos "apotétes" modernos onde se jogam os indesejados. Na Grécia Antiga falava-se até de crianças mortas ou deixadas para morrer pelo pai que não as aceitava; sabe-se das crianças rejeitadas, dos males da pederastia, da pedofilia e dos caminhos do homossexualismo em algumas sociedades. Não foram poucos os que morreram por práticas homossexuais. Períodos houve em que a intolerância desceu a zero.

Se não se pode nem se deve agredir e ofender os homossexuais assumidos, também eles não nos podem agredir e ofender por conta de nossa doutrina, que não aceita como sacramento e graça de Deus o casamento entre pessoas do mesmo sexo. Não ofendê-los e não ser violentos não significa, porém, concordar com o que fazem. Se discordam de nós, temos também nós o direito de discordar deles. Se não podem usar de violência contra a religião que não aceitam, a religião que não os aceita não pode usar de violência contra eles; são filhos de Deus e não podem ser tratados como pessoas inferiores.

Pecado há e haverá entre heterossexuais, virgens, não virgens, pedófilos, pederastas, bem casados, solteiros, pregadores e não crentes. Ninguém está isento de erros contra os outros ou com os outros. Há beleza na amizade, beleza no amor humano, beleza nas relações humanas e beleza no perdão e na reconciliação. Eles veem beleza no amor homossexual, mas a maioria das igrejas não vê. Nem um nem outro pode exigir que o outro mude, à força, de opinião. Podem, porém, exigir que o outro não os desrespeite por conta dessa divergência.

Na antiga Grécia era vedado ao homossexual o acesso a algumas funções públicas e religiosas, como hoje ainda há restrições a tal presença em algumas funções na sociedade. E aí outra vez o debate. Têm as igrejas o direito de não aceitá-los nas suas fileiras como sacerdotes ou pregadores? Tem o Estado o direito de impedi-los de exercer cargos no exército ou no governo? A discussão vai longe, embora tenha havido leis em favor dos homossexuais.

O egoísmo torna o sexo feio. Determinadas relações sexuais, embora não sejam feias aos olhos de quem as assume, são feias para as igrejas que há séculos assumiram cultura, antropologia ou teologia diferente da pagã.

Os indícios de paganismo na acentuada liberdade sexual de agora estão nas bancas de esquina, nos *outdoors*, nas paredes, nas salas de cinema, na internet, na televisão, em novelas, nas praias e onde quer que se exponha a nudez humana para fins eróticos. Está na licenciosidade das relações, na indústria do sexo, na proliferação de motéis e na coisificação do corpo humano. Por isso, uma universidade inteira que se dedica a informar e formar cidadãos preparados perde a batalha da mídia para uma jovem de vestido rosa, que transforma a agressão sofrida em arma, não de defesa, mas de luta. A mídia a instrumentaliza e, meses depois, ela acaba posando seminua na capa de revista erótica. A instituição de ensino não é entrevistada e não ganha capa de periódico, porque há uma indústria do prazer à qual não interessa dar cobertura à indústria do ensino.

Os cristãos viviam perplexos na Corinto que fabricava vasos de cerâmica e objetos eróticos. Na mesma cidade, na própria comunidade que ele fundara, Paulo combatia comportamentos sexuais desregrados; combatia eucaristias mal vividas e vida conjugal mal assumida. Mandou restaurar a prática correta da Eucaristia e do ágape (1Cor 11,17-27) e mandou controlar o *Erotikós* e a *Porné* acontecidos na comunidade, coisa que nem os pagãos cometiam... (1Cor 5,1).

Nesse mesmo quadro se insere o texto antes citado aos romanos. Paulo escreve no início da sua carta sobre paixões infames, entre as quais inclui bestialidades, homossexualismo e outras práticas

(Rm 1,23-32). É severo contra elas e atribui estes costumes ao paganismo. Cristão não pode compactuar com isso.

Quando no seio do cristianismo começaram a acontecer tais comportamentos, as reações foram desde a dureza extrema de Jerônimo e Agostinho com relação à mulher e a práticas conjugais, até à permissividade de alguns grupos cristãos que, ontem ou hoje, abençoam a união de *gays*. Muito recentemente uma Igreja cristã no Rio de Janeiro permitiu o casamento de dois pastores e outra Igreja no Canadá cindiu-se por conta de um bispo que abandonou a esposa para casar-se com um fiel, enquanto insistia em continuar bispo daquela Igreja.

Pecados graves de papas, bispos, padres e pastores são citados toda vez que o debate vem à tona, como prova de que as Igrejas cristãs não têm autoridade para se opor às novas propostas de moralidade sexual vigentes entre os povos ainda ontem cristãos.

Perplexos como sempre, os cristãos pendulam entre condenar e permitir, tentar entender e negar-se ao debate. O prazer e o dever, as relações homem-mulher, as relações humanas e, agora, a mídia que as escancara em todas as portas e portais continuam a ser enormes desafios para os pregadores.

Pecadores também eles, sabem que, se mexerem no vespeiro, sobrarão picadas para eles. Como Jesus desafiou os que acusavam a mulher, e apenas ela, de adultério, eles gritam aos religiosos de agora: "Quem estiver sem pecado, atire a primeira pedra" (Jo 8,7). E a lista dos pecados de pregadores nos últimos anos é enorme. Demonstra a força da libido e a fragilidade humana. Pecados de cá e pecados de lá! Como sexo é diálogo, está mais do que claro que a falta de diálogo gera um sexo faltoso. Cabe às igrejas ensinar a canalizar riachos descontrolados da sociedade e, ela mesma, controlar os seus...

Sinto dizê-lo, mas...

... alguns casos de desvio de personalidade nem os psiquiatras resolvem. Podem ser amenizados com alguns fármacos, mas os cônjuges desses enfermos, que os amavam e talvez ainda os amem, ou ficam por amor, por misericórdia e pela palavra dada, ou, não suportando os riscos de viver com eles, os internam ou mantêm a devida distância, porque são totalmente imprevisíveis.

Sinto pela escolha de quem desperdiça um amor por causa da bebida e da droga. Fumava cigarro diante das crianças, fumava maconha diante dos filhos, depois se injetava drogas. Depois de oito anos tentando controlar o vício do marido, ela concluiu que não havia mais jeito. Ou seriam as crianças e ela, ou seria o juramento de ser fiel até o fim da vida. Mas o infiel fora ele que prometera deixar cigarro, maconha e outros vícios se ela se casasse com ele. Quem mentiu foi ele. Quem jogou fora um amor que era sério foi ele. Ela agora está nos fundos da casa de um irmão casado e sem filhos, que cuida dela e dos filhos com muito zelo. Ele está na casa dos pais e vive dentro e fora das clínicas. As drogas venceram.

Pornificados

Pamela Paul publicou um livro lançado entre nós pela Editora Cultrix, São Paulo, que versa sobre a pornografia e tem o título *Pornificados*. Lembra a autora como a pornografia está transformando a nossa vida, os nossos relacionamentos e as nossas famílias. Outros livros que versam sobre a sociedade grega, sobre a educação dos jovens na Grécia e nos países de legislação dita avançada sobre a educação dos filhos, mostram como os costumes são moldados por parlamentos, pela mídia e pelos interesses pecuniários. É que a festa do sexo e da indústria por eles alimentada gera lucro de bilhões. É uma das indústrias e um dos comércios mais lucrativos que há. O material é o corpo jovem.

A autora inglesa Louise Brown lançou pela editora Virago, no ano 2000, o livro *Sex Slaves*, sobre o tráfico de mulheres na Ásia. Quem não leu não tem noção da moderna escravatura, desenrolada diante de nossos olhos. O que a imprensa e o cinema mostram é menos de 1% do que realmente acontece. O mesmo acontece em países latinos, no Brasil e na África. O corpo das mulheres é vendido, negociado e usado como mercadoria de preço elevado ou aviltado. E moças lindas e ambiciosas arriscam como outros jovens arriscam e enveredam pelo caminho do tráfico de entorpecentes. E quase sempre os dois tráficos correm paralelos: tráfico de sexo e tráfico de drogas.

As autoras falam de milhões de vítimas submetidas à força ou livremente porque sexo gera dinheiro. Podem comprar sua casa, seus bens, dar mais conforto para a família e subir na vida. Na maioria dos casos a intenção é viver alguns anos negociando o corpo e, depois, estabelecer-se por conta própria. E são mais do que milhares no mundo inteiro, rapazes e moças que vendem o sexo para pagar seus estudos.

Há quem agencie, há quem venda e há quem compre. O resultado é um gigantesco comércio e uma megaindústria fundamentada na pornografia. Os pais que sabem e não conseguem controlar suas filhas e seus filhos reagem com dureza ou com desânimo, esperando que não se destruam mais do que já se destruíram. A mesma imprensa que mostra a pornografia é a que denuncia os abusos de menores. A suposição é de que só quem tem mais de 18 anos vai fazer uso dessa indústria. Até lá os jovens serão protegidos. Depois dos 18 anos supostamente eles saberão se cuidar e dizer não! Mas os pais sabem que não é assim. E também os educadores, psicólogos e psiquiatras, sacerdotes sabem das consequências desse comércio.

Não há amor nesta indústria. Nem poderia!

Eles não queriam mais filhos

Motivo para separação e divórcio, o apelo da alma feminina ou masculina pode levar o amor a não dar certo. O rei Henrique VIII mandou matar seu chanceler Thomas Morus, que não aceitou chancelar seu novo casamento. Porque queria um filho varão, fundou sua Igreja para conseguir o que queria, pois Roma não o apoiava. Rei católico, ele tinha sido chamado de protetor da cristandade.

Inúmeros reis e imperadores, duques e condes, potentados que queriam mais filhos para manter sua linhagem, romperam com suas esposas porque estas não lhes davam filhos varões. Não é que não queriam engravidar. Era porque não podiam ou não concebiam os filhos desejados.

E são milhões os matrimônios desfeitos porque um dos cônjuges queria ou não queria um filho. No cotidiano dos conglomerados de casas luxuosas e até mesmo nas palafitas e favelas, a decisão de não ter mais um filho ou de querer um que seja do agrado do pai já fez e faz muitas vítimas. O resultado são filhos ou filhas mal-amados, esposas mal-amadas, abortos provocados, abandono de recém-nascidos, porque alguém entendeu que seu amor não dava mais certo.

Chefe de tráfico, bandidos ou marido com costas quentes devolvem a moça para os pais porque ela engravidou e ele avisara que não queria mais filhos. Ou abortava ou morria, ou seria entregue aos pais.

O direito fundamental à vida é desrespeitado todos os dias onde há um cônjuge que não ama, mas quer apenas as delícias do sexo. Daí ao aborto é um passo. O direito absoluto ao sexo e à vida invadiu nossa sociedade que não mais se rege pela doutrina de Jesus. Querem o prazer e não aceitam o dever. Pela mesma porta onde entra o esperma, sai o feto, fruto do esperma do homem e do óvulo da mulher. Quem põe, tira quando quiser.

É a mentalidade de alguns adultos que não pensam nas consequências de seus carinhos. Encaram a vida como se fosse uma eterna festa, mas, quando o resultado aparece sob a forma de um filho, decidem que o amor é só para os dois e não pode aninhar outra vida naquele desejado corpo de mulher.

E quem se opõe é declarado ultrapassado e ultraconservador. Isto! Ultraconservador porque batalha pela conservação da vida que foi concebida numa noite de prazer. Na sociedade em que se criaram modernas leis e modernos costumes, não há mais lugar para quem defende o feto. Vivemos numa sociedade antifetal. Se não quer, tira! E, ainda por cima, querem que os governos sejam cúmplices e paguem as despesas.

Entre o carinho e o sexo

Pergunte a qualquer casal maduro e inteligente como ambos veem a diferença entre dar carinho e fazer sexo! Vai receber respostas inteligentes e cheias de sentido. Seu relacionamento é muito mais pleno e abrangente do que os momentos de êxtase amoroso.

Há outros êxtases que nada têm de desejo sexual e também elevam o corpo e a alma de maneira sublime. A gravidez tão desejada, o nascimento da esperada filha, o triunfo do marido e da esposa, a promoção dos dois, a colação de grau dos filhos, o casamento dos filhos, a recuperação do filho ferido... Tudo isso tem carinho e não tem sexo.

Homens mal-educados e mal instruídos e mulheres excessivamente mimadas não entendem essa diferença. Querem porque querem o carinho e o sexo daquele jeito e naquela hora. Não há gentileza, não há gratuidade, a troca é egoísta, as cobranças são insuportáveis, as grosserias são intoleráveis, as ofensas são quase cotidianas. Não há espaço para o amor onde as carícias têm preço e o sexo é um direito e um dever, mas não um ato de gratuidade. Gratificação não é o mesmo que gratuidade.

Nenhum ato sexual deve ser gratuito, mas também não pode ser um ato de cobrança. Deve ser ato de cônjuges maduros, fruto de gratuidade e de gratidão, porque um sente que deve gestos de carinho ao outro, pelo muito que ambos fazem um pelo outro e pelos filhos.

O ato de quem vai à zona e paga pelo sexo é tudo, menos amor. Há um preço de quem paga e de quem cobra. Carícia nem sempre é carinho. Ato sexual nem sempre é um ato de amor.

Mas no casamento é um ato de amor de altíssima caridade, porque é a entrega total de um homem para a mulher que dá sentido a sua vida, assim como da mulher para o homem que enche de sentido a sua vida de mulher. Aí é nobre e santo.

Poucos cristãos foram orientados para entender que o sacramento do matrimônio forma santos, não só quando um deles não consegue dar prazer sexual para a pessoa amada e renuncia aos direitos de receber sexo, mas também quando os dois, cheios de vida e de saúde, se dão exatamente porque os dois precisam dessa comunhão que as igrejas consideram bênção do céu.

Ensinem isso para suas filhas e para seus filhos. Provavelmente segurarão seus casamentos, se vier o tempo de esperar porque os corpos estão feridos. Aí entenderão que carinho pode ser introdução ou complemento satisfatório. Grande marido é o sujeito que depois da gravidez e do puerpério nem sequer pensa em ato sexual, porque ela pede um tempo. E ele dá, porque ama e entende. Há um fruto entre os dois e este fruto os realiza. Quando chegar a hora da entrega sem os limites do corpo do outro, vai ser um ato humano e divino, porque o céu ensinou a esperar!...

Todas as formas de sexo...

No mês de agosto de 2011, no entrevero que se seguiu à entrevista da cantora Sandy, perseguida havia anos para que deixasse de parecer cândida, suave e gentil, alguém da mídia me perguntou o que eu, padre católico, achava do tema. Queria uma opinião abalizada. Não a teve. Qualquer coisa que eu dissesse estava sujeita ao risco de ter uma frase pinçada e fora de contexto, como creio ter sido o caso da pessoa de alma bonita que é a Sandy. Texto fora de contexto quase sempre serve de pretexto.

Respondi que era assunto que a maioria dos casais não desenvolveria e, pelo que sei, bispos, padres, pastores e psicólogos jamais abordariam com frases esparsas. Não concedi a entrevista. Desde o advento dos *pen drives* e microgravadores, registro as entrevistas que dou ou não dou. Isto me ajuda a não me expor a entrevistadores que não conheço. Como hoje é possível provar que uma entrevista foi dada, porque os registros permanecem, e como hoje nunca se sabe se alguém do outro lado está registrando a conversa, está mais difícil alguém dizer e provar que a entrevista não foi dada. Isso protege governantes, ministros, políticos, religiosos ou artistas com alguma notoriedade contra o mau jornalismo, porque o bom existe e o Brasil tem excelentes periódicos e jornalistas que honram a classe. No mau jornalismo, frases fora de contexto mais ferem do que elevam. Se as revistas têm o direito e a liberdade de abordar qualquer tema do jeito que mais corresponda aos seus objetivos, o cidadão comum tem o direito de se negar a ser entrevistado sobre temas que exigem mais profundidade e conhecimento.

Quem prega religião e deseja fazê-lo com seriedade, estuda filosofia, teologia, sociologia, antropologia, história e sociologia. Trabalha com princípios e com o que pode somar, ou melhor, adjetivar as pessoas. O sexo pode aditivar ou subtrair. Ninguém em sã consciência dirá que toda forma de sexo é sadia. Mesmo com quem consente. Se faltar espiritualidade, será apenas exercício para além do biológico, até porque há relações que vão contra a natureza dos corpos.

Há, pois, relações sexuais que acrescentam ao amor e beneficiam o casal. Há outras que mais tiram e subtraem do que acrescentam. Há o erotismo sadio e construtivo que pode ser encontrado até nos poemas bíblicos de *O Cantar dos Cantares*, também chamado *Cântico dos Cânticos*, e há o materialista e nada espiritual, que funciona mais como encontro de corpos famintos do que de almas em êxtase afetivo.

Há entregas, refregas e posses. E há formas de sexo que não apenas os religiosos condenam, por faltar ali o grande porquê da relação. Também psicólogos e especialistas em Psicologia Positiva questionam encontros cujo fim é apenas a curiosidade e o sem limite de alguma relação. Relações supõem reações e estas supõem limites de um lado e de outro, porque o ser humano é como riacho que precisa de margens.

Aos que dizem que tudo é válido entre quatro paredes, respondem os estudiosos de comportamento humano com os tristes relatos de mortes em matagais, motéis e automóveis. Naqueles casos, o instinto insatisfeito escapou do controle. *Sexo é veículo que exige freios. Para ser bom não pode ser de qualquer jeito e tem que ter limites.* Excesso de velocidade, de drágeas, de bebidas, de drogas, de comida, de religião e de sexo pode dar em morte. Ensine isto ao seu filho. A esta altura imagino que vocês dois, casal que pensa na paz da família, já sabem que o carro da vida tem freios para serem usados!

Os nós e os laços do casal quase perfeito

De Padre Zezinho scj, para Rodrigo e Cláudia.

No dia do seu enlace matrimonial, em 16.06.2006, começo parafraseando Paulo aos Romanos:

Que o amor de vocês seja autêntico e puro. Detestem a maldade e apeguem-se ao bem. O amor de um pelo outro seja conjugal; para com os outros, filial e fraterno. Sejam sempre carinhosos. Rivalizem-se na mútua estima. Nada de acomodação. Cultivem os valores do Espírito. Sejam fervorosos na fé. Sirvam ao Senhor. Sejam alegres na esperança, pacientes nas horas difíceis, perseverantes na oração, solidários com os outros. Socorram quem passar necessidade. Melhorem dia após dia na prática da bondade e da hospitalidade.

Não se deixem levar pela mania de grandeza, nem pelo poder do dinheiro. Sejam simples e modestos. Vivam em harmonia com os outros. Não paguem o mal com o mal. Preocupem-se em fazer o bem a todo mundo. Não se vinguem, nem façam justiça com as próprias mãos. Deixem Deus cuidar disso.

Deem de beber e comer e vistam até seus inimigos. Vençam o mal com o bem. No que depender de vocês, vivam em harmonia e em paz com todo mundo. Sendo médicos, lutem sempre pela saúde e por maior qualidade de vida para o nosso povo. Peçam todos os dias a graça de, como consequência do seu amor, salvarem o maior número de vidas que puderem (cf. Paulo aos Romanos 12,9-21).

Rodrigo e Cláudia, Cláudia e Rodrigo

Um engenheiro construiu a casa do filho que se casaria e optou por amarrar o enorme telhado com vinte cabos leves, em forma de nós desatáveis, em vez dos tradicionais fortíssimos cabos nas duas extremidades... Quando o jovem casal viu o projeto, perguntou se ele aguentaria. E disse o pai: "Construí esta casa nos moldes do meu casamento e na esperança que o de vocês seja ainda mais bonito do que o meu com sua mãe. Nós queríamos um casamento quase perfeito, já que o casal perfeito não existe. Mas queríamos criar o lar mais sereno que um casal possa fundar. Sua casa será capaz de receber e refletir a luz. Optei por muitos laços fortes e ao mesmo tempo delicados, para o caso de vocês decidirem fazer as suas adaptações, quando vierem os filhos, sem o risco de a casa se tornar obsoleta ou desmoronar em cima de um ou de outro. Os muitos laços a tornam forte, mas flexível. Podem aumentar o seu telhado ou abri-lo quanto quiserem para receber mais luz. Mesmo que se rompam alguns laços, o que pode acontecer com os ajustes de terra, não haverá implosão. Os outros laços segurarão sua casa que parece frágil, mas é forte. Apostem nesses laços".

Em seguida lhes falou dos laços de família, de afeto, de profissão, de trabalho, de ternura, de respeito, de admiração, de amizades e de fé, que uniam os dois e as famílias de ambos. O enlace de ambos era fruto de muitos outros enlaces matrimoniais que deram certo. Feliz aquele que sabe criar laços e cativa sem prender ou amarrar. Feliz o casal que pode desatar os laços, mas não desata porque sabe com quem se uniu.

E disse: "Ao todo somos quinze pessoas que sempre estiveram presentes na vida de vocês dois, mas certamente há outros que contribuíram para que o amor de ambos desse certo. O que espero para esta casa espero para o seu matrimônio: que seja leve, iluminado, sempre atual e forte, porque assentado em muitos laços confiáveis: seus avós, seus pais, seus irmãos e seus melhores amigos. E não esqueçam a sua Igreja, que aposta que isso que vocês sentem um pelo outro é sacramento. Tem graça de Deus nesse amor de cinco anos!".

E agora falo eu, Pe. Zezinho scj

Seus pais, seus irmãos, parentes e amigos, e eu, que represento aqui a nossa Igreja, apostamos neste enlace, no qual não haverá nó cego, mas um nó sereno e gentil, feito de dois eus que se amam e se respeitam há vários anos. Mas agora chegou o tempo de os dois eus se tornarem um forte e sereno nós. Saibam que, se for como o dos seus pais, será de bom tamanho! Eles ensinaram o que sabiam.

Agora, venham aqui, troquem suas alianças e consagrem-se um ao outro e a Deus em matrimônio. E, ao saírem daquela porta para fora, mostrem à Igreja, ao país e ao mundo que o amor de vocês vai durar de 70 a 80 anos, e depois o para sempre de uma eternidade feliz! Deus queria vocês dois juntos! Se ele quis, nós também queremos!

Casar sempre foi difícil

O sorriso plácido da vovozinha que completava cinquenta anos de casada e a frase que ela disse logo após as bodas resumem o conceito de um casamento cristão. "Casar é difícil, mas é uma bênção!", foi o que disse, olhando para o seu marido que lhe afagava as mãos.

Em poucas palavras, essa mulher simples, sem muito estudo, resumiu a teologia e a pastoral do casamento católico: "Estamos juntos não porque é fácil, mas porque Deus nos deu esta bênção de um ser a rima do outro por toda a vida".

Na verdade, uma mulher que se sente chamada a gerar filhos vai precisar de um homem que também se sente chamado a gerar filhos, e ele precisará dela. Mas, antes de gerarem o filho, precisam gerar e administrar o seu relacionamento, nascido da mútua adoção e do amor que evoluiu.

Primeiro foi preciso a admiração e o respeito de um pelo outro. Um sabia que poderia qualificar e ser qualificado pelo outro. Há coisas que um homem não tem e por isso precisa de uma mulher para completá-lo; há coisas que uma mulher não tem e ela precisa de um homem para completá-la.

Cada ser humano vem com algum detalhe. Alguns vêm cheios de detalhes especiais que não só os qualificam, mas também qualificam quem com eles convivem. Quando dois seres humanos, um feminino e outro masculino, se amam, a união dos dois pode gerar um sólido edifício chamado lar. Tal edifício pode durar séculos e séculos, geração após geração, porque foi bem fundamentado e cimentado.

Mas formar família é difícil. Se fosse fácil, não haveria praticamente um divórcio para cada dois casamentos, como acontece em alguns países. No Brasil, você sabe se a família vai bem. Olhe ao seu redor e no seu quarteirão de cidade grande, ou no seu bairro de gente pobre. Depois, preste atenção nas pessoas famosas da televisão, do mundo da canção, do mundo da moda, dos esportes e da política. Um grande número deles teve sucesso na carreira, mas nem sempre no amor.

Há sempre a tendência ao egoísmo, à mania de ressaltar o "eu", a insistência nos nossos direitos mais do que nos nossos deveres. O casamento é direito, mas tem muitos deveres inalienáveis. É feito de "sim", mas passa por muitos "nãos". É delícia, mas também é renúncia. Não se pode fazer o que se quer depois de casado. Não se pode ir aonde se quer nem gastar o que se quer, porque existe o outro e alguns pequenos outros a precisar de atenção especial.

Por isso, quem não é capaz de renúncia, quem adora demais o seu próprio "eu", não se case. Na mesma esteira, quem gosta demais de si mesmo e não cuida da sua comunidade, não se candidate a nenhum cargo político nem queira ser padre ou pastor.

Se acharmos que o outro é sem importância, não estaremos aptos para nada. Se nos importarmos com ele, estaremos prontos para a vida. Estava certa a velha senhora ao definir os seus cinquenta anos de casada: *É difícil, mas é uma bênção.* Seguramente ela descobrira a importância do outro!

O riacho purificado

Há rios que eram limpos, sujaram-se e tornaram a ser puros. Há os que nunca voltaram a ser o que eram. Onde há campos e cidades, não se sabe de nenhum rio que tenha corrido limpo da nascente ao desaguar. Mas rios podem ser purificados. As algas e as pedras os ajudam.

Falando de humanos e de sexo, há um rio a correr dentro de cada pessoa, com força difícil de controlar; às vezes calmo, às vezes selvagem, às vezes limpo, às vezes barrento e poluído. Depende do temperamento, do ambiente, dos estímulos e da formação recebida.

O fato é que a história do ser humano e dos seus impulsos vitais passa pela sexualidade. Foi incentivada, solta, reprimida, vista como um bem ou um mal, como virtude ou pecado, como graça ou desgraça. O mundo nem sempre soube olhar com serenidade para a vida sexual dos humanos. Ou liberou geral ou reprimiu em excesso.

Mas rios podem ser controlados, canalizados, direcionados, se devem produzir água potável, energia e alimento. Controlados são instrumentos de civilização. Controlados demais inundam e geram catástrofes. Precisam continuar correndo, embora represados e em quantidade que a ninguém prejudique.

Houve épocas em que o sexo saiu de controle e tudo era permitido nos palácios, na guerra e nos lares, e não foi bom para aqueles povos. A nossa é uma dessas épocas, com o agravante da mídia e da televisão entrando por todas as casas e todos os olhos geralmente sem controle. A TV e as bancas de jornais tornaram-se atrevidas. Arriscam e ousam. Não há mais privacidade, nem no lar nem nas ruas. Tudo entra pela televisão, pelo rádio e pelos computadores. O rio da sexualidade moderna no leito da mídia de agora acabou solto, selvagem e descontrolado.

A maioria dos adultos e jovens de agora já teve ou ainda tem os seus deslizes. Está no ser humano esse impulso, essa força, esse desejo. O mundo diz que não se deve nem se pode controlar tal sentimento. As igrejas dizem que sim, tanto quanto se pode controlar e limpar um rio. O assunto é polêmico porque no meio acontece a Aids e outras enfermidades, a poderosa indústria do sexo, o tráfico de pessoas, opressão e mortes, muitas mortes.

Feliz de quem pode chegar ao fim dos seus dias e dizer que nunca se feriu nem a ninguém feriu ao usar a sua sexualidade. Se Deus a criou, então é boa. Mas, como o fogo e a água, ela às vezes escapa ao controle do indivíduo e da comunidade. Com fé já não é fácil; sem fé serena, então, fica muito mais difícil. Orar ajudou e ajuda. Riachos também se convertem!

Amar quem nos odeia

A advertência de Jesus sobre o erro e a insuficiência de amar apenas os que nos amam continua cada dia mais atual (Mt 5,43-47). Jesus lembra que não há recompensa para quem só ama quem o ama. Qualquer um faz isso! Até quem rouba seu próprio povo diz que ama seus familiares. Mata de fome os filhos dos outros e enche de beijo as suas crias. O verdadeiro amor e a verdadeira paz só acontecem um em consequência do outro, quando sabemos discordar de uma pessoa e um grupo e ainda assim amá-lo, a ponto de não partir nem para a calúnia nem para a violência, e muito menos para o terrorismo. Qualquer religião que ensine e incentive a vingança está errada!

O terrorismo de todos os tempos, mais ainda o de agora; a intolerância de todos os tempos, mais ainda a intolerância religiosa de agora, estão levando e vão levar o mundo a um conflito como jamais se viu. É que os intolerantes de agora têm armas poderosíssimas sob seu controle! Mais dia, menos dia, mostrarão ao mundo o que é um megacrime. Andam avisando que aviões em torres e bombas em trens são apenas um prelúdio.

Eles querem matar uma civilização inteira, mesmo que sua própria religião condene isso. Alguns piedosos cristãos assistiam à missa ou oravam em seus cultos e também saíam em expedições para fazer escravos na África ou massacrar índios nas Américas, mesmo que os Evangelhos proibissem isso. Hoje milhares de muçulmanos usam o Islã para vomitar seu ódio que o Islã e o Alcorão proíbem! Mas acham uma frase em algum lugar que justifique o que fazem.

Há ódio no coração de muitos que cultivam a guerra de escaramuças ou de mentiras, como meio de sair vencedores em Alá ou em Cristo. Eles sabem que odeiam, sabem que não querem que o outro viva e sabem que seus atos e suas mentiras, que os mostram como os melhores, os mais íntegros, mais fiéis e mais santos, lhes garantirão adeptos. O povo gosta das palavras "mais" e "melhor". Os irados e descontentes do mundo só precisam de uma causa para vomitar sua ira, já que se sentem menos em alguma coisa.

Os terroristas e fanáticos religiosos e políticos de agora fornecem esta munição. "Se vier conosco, você será mais do que os outros!" Só não dizem que será mais mentiroso, mais prepotente e mais assassino. Eles nem mesmo disfarçam a linguagem: querem confronto, querem briga e querem o fim do outro. Eles são da luz e o outro é das trevas. Jogam tanta luz sobre si mesmos que acabam cegos e incapazes de reconhecer o outro!

Jesus falou contra a mentira, contra o uso da força e contra o fanatismo. Não foi ouvido. Deixou claro que isso desemboca na morte e no ódio sem fim. Não foi ouvido. Aliás, mataram-no depois de usar da mentira, da violência e de um julgamento falso e cheio de manipulações. Um povo não faz isso. Grupos de poder que dominam este povo e a sua mídia fazem. Jesus morreu perdoando os que o odiavam e dizendo ao Pai que eles não sabiam o que faziam. O problema continua. Os terroristas, os fanáticos e os que plantam bombas nos trilhos sabem que estão matando. Só não sabem quantos nem quem. Aliás, sua loucura não lhes permite fazer esta pergunta! Os outros não lhe interessam. Afinal, **só** amam quem os ama!... Jesus estava certo. Isso não é amor. Nunca foi! Se não vai longe, a ponto do perdão e do diálogo, é tudo, menos amor!

Ex-padres e ex-freiras

Nós que prosseguimos, devemos a eles o respeito de irmãos e irmãs. Caminharam conosco por anos, sonhando os mesmos sonhos e sofrendo as mesmas dores do reino, até que para eles e elas ficou difícil continuar a servir a Deus dessa maneira. Não deu mais. Alguns podem ter perdido a fé e a perspectiva, mas a maioria continuou amando a Jesus e à Igreja e servindo o Senhor. Não perderam a vocação. Só não foi mais possível servir e amar num convento, no celibato ou no ministério. Para eles ficou difícil demais prosseguir naquele caminho de vida. Para não servirem a Deus infelizes e desajustados, procuraram seu ajuste noutro caminho.

Há quem os diminua por isso. Há quem fale em perda, fuga, infidelidade e fracasso; o que é injusto, porque há fracassados que continuam, mas servindo sem amor, e há muitos deles que se tornaram pessoas melhores depois da mudança de vida. Cada caso é um caso!

Nós que ficamos nos conventos, nas paróquias, nas pastorais, e achamos que podemos ir até o fim, temos mais é que respeitá-los. Por um tempo conseguiram, cheios de zelo e amor, ajudar o povo de Deus como padres, freiras e irmãos. Foi vocação. Sentiram-se chamados. Houve um momento em que, ou não foi mais possível responder daquele jeito, ou sentiram-se chamados a outro caminho. Pediram licença, fizeram tudo nos conformes. Mas ficar não dava mais. Em nenhum momento quiseram desafiar a Igreja, mas o coração pedia um lar, um amor ou outro caminho de serviço.

Falo dos maduros. Sofreram e ainda sofrem bastante com suas opções. Tenho vários amigos e amigas, maravilhosos em tudo, que já exerceram o ministério sacerdotal e já viveram como religiosas. Aprendi e ainda aprendo muito com eles. Nunca me achei melhor do que eles só porque continuo. Nem sei se os entendo, porque não passei pelo que eles passaram. Mas, de ouvi-los, sei o quanto sofreram e ainda sofrem.

Continuam companheiros. Alguns adorariam poder atuar, mas nossa Igreja ainda não tem esta opção. Enquanto isso, prosseguem com saudade, mas sem mágoa, na mesma direção do mesmo reino. Mudaram de veículo, mas não de destino. Nunca os chamo de ex-padres ou ex-freiras. Chamo-os de irmãos. É o que são. Um dia nossa Igreja saberá aproveitar melhor suas capacidades.

Enquanto isso não acontece, que sejam vistos como servidores de Deus, lá onde agora estão, alguns mais, outros menos felizes, outros infelizes como antes. Julgá-los, nunca! Essas coisas do coração e da fé não podem ser medidas na base do era e não é mais. A maioria continua viajando na direção do mesmo infinito, amando como antes. Se você nunca viveu perto deles ou delas, não terá ideia do quanto lhes dói a palavra ex. Não a use. Eles não a merecem.

Entregue aquela bola!

A mãe não era uma boa educadora. Era tudo para o caçula três anos mais novo! O primeiro filho sempre perdia. Sorvete, chocolate, bolas, brinquedos! Quando o pequeno, tinhoso e manhoso, queria o que era do irmão, a mãe gritava: "Deixa seu irmão brincar. Depois ele devolve! Ele não entende!".

Um dia o pai viu a cena da janela. Perguntou à esposa se era sempre assim, quando ele estava no trabalho. A esposa, irada e contrariada, não respondeu. Mas a sogra, avó dos meninos e, por conseguinte, mãe da esposa, abanou a cabeça e assentiu.

Naquela noite ele dormiu no sofá com o mais velho, já que o pequeno de três anos dormia com a mãe. Levou duas semanas até que ela admitisse que queria conversar.

Católico, ele abriu a Bíblia e contou as histórias de Esaú e Jacó e de José do Egito e seus irmãos. Ela ouviu com lágrimas nos olhos. Ela vinha errando há anos. Seu marido era um homem justo. Fez a esposa prometer que nem ela seria como Rebeca (Gn 25,28), que amava Jacó e não a Esaú, nem ele seria como Jacó, que, por seu turno, privilegiava José, o filho mais agarrado ao pai.

Daquele dia em diante, o pequeno teve que aprender a ceder ao mais velho e o mais velho ceder ao mais novo: cada um brincava um pouco e os dois brincavam juntos. Daquele dia em diante, os dois bri-g-aram menos e brin-c-aram mais juntos!

Sabedoria de pai que estudava e aprendia com a Bíblia.

Bateu no pai e na mãe

Criaram o menino com todo amor. Nunca lhe faltou nada. Colo de pai e mãe e de avós e tios. E tudo ia bem até que descobriu amigos revoltosos. Deixou-se influenciar por eles. Queria se enturmar.

Os pais perceberam que aos quinze anos tudo mudou. Não souberam mais resolver tudo na base da conversa. Mas no dia em que ele bateu na irmã dois anos mais nova e deixou o nariz dela sangrando, o pai o puniu. A mãe correu em defesa da menina.

Dois anos depois, aos dezessete anos, foi pego com droga. Outra punição. A escola mandou avisar que ele não ia às aulas. Outra punição. Nunca com uso da força. O pai gritava mais. A mãe chorava e apoiava o pai. Perdeu seis quilos.

A casa virou um inferno por culpa do jovem endemoniado. Quebrou a mesa de vidro, quebrou a porta do banheiro, quebrou uma das pias da cozinha. Mandaram a um psiquiatra. Ele foi uma vez. E teimou em não ir mais. Dormia até tarde e sistematicamente desobedecia aos dois.

A droga o transformara. O tio padre foi falar com ele, que saiu de casa para não ter de ouvir. Em dezembro aconteceu o pior. Chegou bêbado em casa e, quando o pai chamou-lhe a atenção, ele bateu na cara do pai e empurrou-o contra a escada. A mãe entrou em colapso nervoso. Os vizinhos chamaram o médico, a polícia e o tio padre. Ficou preso no quarto por quatro horas.

Dessa vez ele aceitou ouvir o tio padre. Admitiu que a droga o tornara violento. Os pais se calaram. Não sabiam mais o que fazer e o que dizer. Dormiu o dia inteiro. O médico deixou um bilhete. A polícia deixou um recado. Da próxima vez seria trancafiado.

Levantou-se no domingo, procurou a mãe e chorou. O pai chegou e ele voltou a chorar. Pediu perdão à irmã. Deixou por escrito que, se ele voltasse drogado ou violento, ou se fizesse a mãe chorar, ele queria ser internado à força. O tio passou lá à tarde e conversou outra vez com o rapaz. Por conta própria ele procurou o psicólogo indicado pelo tio padre.

Hoje ele tem vinte e sete anos, bem empregado, namora uma moça serena e determinada. Nunca mais teve surtos. É carinhoso com a mãe, com o pai e com a irmã. Mudou totalmente. Hoje ele lembra que foi o silêncio do pai e da mãe que o sacudiu. Ele vencera, mas perdera a segurança ao ver que derrotara seus pais. Ao tio padre confidenciou: "Calei a boca dos meus pais e fiquei sem chão. Eu esperava a agressão que não veio. E para mim foi ódio e para eles foi amor. Naquele dia entendi que não poderia viver sem eles...".

O filho pródigo

Na vastíssima literatura religiosa do planeta, a parábola do Filho Esbanjador, ou Filho Pródigo, é certamente uma das mais conhecidas. Jesus foi um exímio contador de histórias. E esta tem uma pedagogia profunda sobre o comportamento dos jovens, a idolatria da liberdade, as lições da vida, a ternura do verdadeiro pai e a competição entre os irmãos.

Poderia chamar-se também a parábola do Pai Perdoador. E dentro dela há ainda a parábola do Filho Bonzinho, mas incapaz de perdoar. Pecado, liberdade, licenciosidade, arrependimento, perdão, penitência, justiça, misericórdia, reconciliação, restauração, humildade, paz, tudo isso se encontra na parábola de Jesus. É um filão inesgotável da psicopedagogia da fé. É tão profunda que, como o Pai-Nosso, só podia ter vindo de Jesus.

O filho pecador que idolatrava sua liberdade, a ponto de exigir seus direitos de filho e esquecer os direitos do pai, só descobriu quem era de verdade quando se viu reduzido a menos do que um porco. Então assumiu sua humanidade e veio amar seu pai sem exigência nenhuma, senão de sua companhia de pai. Mas o pai se antecipou e foi ainda mais humano e amoroso. Deu uma festa para o filho ingrato. O filho deixara de ser filho, mas o pai nunca deixara de ser pai. Nós podemos ser menos humanos, mas Deus não pode ser menos Deus. Por isso o céu é uma realidade concreta e o inferno uma possibilidade.

Nós não podemos garantir que alguém esteja no inferno. No céu, sim. A Igreja declara oficialmente que Francisco, Clara, Vicente de Paula estão no céu. Nunca declarou nem mesmo que Judas está no inferno. Ninguém sabe a suprema decisão da pessoa em agonia.

Quatro filhos pródigos

Um belíssimo casal, com quase 30 anos de casados, cinco filhos próprios e três adotivos, falava com certa tristeza dos filhos que deixaram a fé católica. Ajudaram a criar creches, fizeram todas as caridades imagináveis, pagam dízimo para a paróquia e para duas outras comunidades de vida, exímios pais e cidadãos, gente de fé profunda, e de repente quatro filhos optaram por deixar o catolicismo. Dois não mais o frequentam, um foi para uma igreja pentecostal e outro anda de namoro com um grupo esotérico.

Olhei-os bem nos olhos e perguntei se tinham criado águias ou serpentes: "Achamos ter criado águias. Fizemos de tudo para ensiná-los a voar livres e saber o seu espaço". Continuei: "Então joguem fora essa culpa e essa tristeza. Filhotes de águia, mesmo quando não voam nem usam as asas, não viram cobra. No devido tempo, quem foi para lá, vai voltar, e quem saiu do espaço, a ele tornará".

Ela sorriu serena: "Deus o ouça, padre, Deus o ouça!".

"A parábola da Ovelha Extraviada e a do Filho Pródigo, em Lucas 15,1-32, foram contadas para gente como vocês! Nem Deus tem culpa quando vamos embora, nem vocês, que fizeram tudo o que seu amor de pais lhes inspirou. Filho é alma livre. Alguns deles, águias mais inquietas, acabam se cansando do ninho ou dos seus arredores e decidem voar noutro espaço do céu. Vão lá experimentar outros voos e a companhia de outras águias. Mas existe um fenômeno chamado *lembranças* e outro chamado *saudade*. Um dia, eles quererão saber mais sobre os cinquenta anos de voo dos seus pais. Tenho sessenta e quatro anos e já vi muita gente ir embora e voltar. Se vocês fossem maus pais, eu também ficaria preocupado. Mas vocês são bons. Então eu sei que nenhuma outra igreja, nenhum outro pregador, nenhum outro grupo vai dar a eles o amor que vocês deram por mais de vinte anos. O que vai pesar é isso! Quem fala bonito, mais cedo ou mais tarde perde para quem ama bonito! Quem os levou para lá ou para fora, falou bonito, mas vocês vivem bonito! Quando seus filhos, que se foram, descobrirem o que é viver, voltarão! Não sei se serão católicos convictos como vocês, mas respeitarão a Igreja que uniu e suavizou o casal de quem eles vieram."

E disse ela enxugando uma lágrima: "Não merecemos, mas Deus o ouça, padre! Respeitamos a escolha deles, só que queremos o melhor para eles e seus filhos. E o melhor para nós, por mais difícil e contraditório que seja, é ser católico. Pese o que pesar, carregamos estes vinte séculos nas costas. Não se joga fora uma herança desse tamanho! É por isso que ela pesa tanto!".

A palavra dele foi curta e madura: "Somos gratos a Deus por nos ter feito católicos. Espero que um dia eles entendam isso!".

Os filhos? Por enquanto, estão voando noutro espaço do céu! Por enquanto!

Extremismos e extremistas

Sempre foi arriscado enfrentar um extremista. A história o demonstra. Extremistas mais odeiam do que amam, mais querem derrotar e demolir o outro do que dialogar. Tenho mais de trinta livros que abordam este ângulo escuro da vida.

Religiões, seitas, partidos, ideologias, ditaduras, rebeliões, revoluções; em todos estes ninhos abrigam-se extremistas. Para eles a história tem que ser como eles imaginam. Não há como dialogar. Uniram-se para vencer não importa por quais meios. Hoje vemos Boko Haram, comunistas, direitistas, jihadistas, Estado Islâmico, grupos cristãos, grupos judeus, grupos islâmicos, grupos palestinos, esquerda em guerrilha e partidos que não admitem transição política. Entraram para ficar. Criaram igrejas para vencer. Não conseguem ver o lado bom do outro e, como escaravelhos, fuçam até achar podridão, sempre no outro. Eles não têm do que se desculpar, seu conceito de justiça é perfeito.

O resultado é o desamor, porque só quem dialoga é capaz de buscar fraternidade. Vencer e derrotar o outro lado e a outra pessoa podem tornar-se obsessão. Podemos ver isso claramente na internet, nas redes sociais. Quem posta nem percebe que seus textos são todos para denegrir o outro partido, a outra igreja ou o outro clube. Entram para derrotar e vencer, e sujar o nome do outro ou do outro grupo. Buscam a vitória a qualquer preço. E quem discorda será deletado, por mais amigos que tenham sido há dois ou três meses.

Não deixa de ser uma atitude histérica, que de histórica nada tem; nem poderia ter.

Pedras

Pedras era o que mais havia naquele tempo. Por isso é fácil entender como Abel foi morto; como tentaram matar a mulher surpreendida em adultério (só ela!); como mataram Estêvão. Os que defendem a antiga ou a nova ordem, em geral, carregam pedras no coração e sempre acharão algumas pedras para jogar contra quem ousar dizer que o caminho deve ser o diálogo. Os fazedores da paz são os tipos mais incômodos que há, num país cheio de grupos, igrejas e partidos histéricos. Se não for como eles querem, não lhes falem de diálogo. Na cabeça deles, dialogar é ceder ao inimigo. E eles nasceram para vencer, custe o que custar! É por isso que eles não curtem Jesus, que morreu pedindo perdão para quem o torturava... Cultuam o Cristo glorioso. Para eles, perdoar ou dialogar é um ato de fraqueza...

Servir

A palavra servir é fundamental na Igreja Católica. Quando Jesus disse que não veio para ser servido, mas para servir, e quando disse aos apóstolos que já não os chamava de servos, mas de amigos, ele definiu o objetivo de toda pessoa verdadeiramente religiosa: servir. E crescer na mística do servir a tal ponto que se torne um amigo de Deus.

O servidor do outro tem atitude de servo, mas, à medida que serve bem, ele passa a ter atitude de amigo e, sobretudo, passa a ser considerado como amigo de fé, amigo de jornada.

Na Igreja Católica, um dos maiores sinais de amor e de amizade é dedicar a vida aos outros; foi Jesus quem disse que ninguém tem amor maior do que aquele que dá a vida pelos seus amigos. Mas foi Jesus também que deixou claro que o essencial do Reino de Deus estava em servir; chegou a dizer que um copo d'água, dado a uma pessoa carente, não ficaria sem recompensa. E deixou claro que o sinal de entrada no Reino dos Céus seria o serviço: "Nem todo aquele que me diz Senhor, Senhor, entrará no Reino dos Céus" (Mt 7,21), disse ele.

E disse que nos últimos tempos, no dia do julgamento, quando as pessoas chegassem dizendo "Senhor, Senhor, profetizamos em teu nome, operamos maravilhas em teu nome, expulsamos demônios em teu nome, curamos em teu nome" (Mt 7,22), ele não as reconheceria; por isso, a única maneira de uma pessoa chegar aos céus seria dar de comer a quem tinha fome, dar de beber a quem tinha sede, vestir os nus, visitar os enfermos, encarcerados, e fazer a caridade e o serviço.

O passaporte para o céu é o serviço aos irmãos; e só pregar não é um serviço, só louvar não é um serviço e só dizer "Senhor, Senhor" não é um serviço. Seremos julgados pelo que fizemos ou deixamos de fazer pelos outros. Este é o único modo de chegar ao céu: servir, palavra que rima muito bem com a palavra ouvir, e que funciona muito bem com a palavra amar. Quem é capaz de ouvir, de amar e de servir o seu irmão, é um candidato ao céu. Aquele que só fala talvez não chegue ao céu.

Será que o Deus que ama também ri e chora?

Será que Deus ri e chora? Uma criança me fez esta pergunta. E como é que a gente vai responder para uma criança que Deus ri ou não ri, chora ou não chora? A cabecinha dela nunca vai entender, mas a curiosidade não é só das crianças. Também os adultos encontram dificuldades de entender esses conceitos. Então como é que fica? Deus ri, Deus chora? Vamos falar sobre isso.

Chorar é uma característica humana, assim como sorrir é uma característica humana. Nós sorrimos quando estamos felizes, um pouco mais felizes do que de costume. Nós choramos quando estamos tristes ou machucados, ou quando algo dói um pouco mais do que de costume. Há que haver certa dosagem para provocar o choro. Há pessoas que choram por qualquer coisinha, mas a maioria tem que experimentar a dosagem certa, para daquele ponto perder o controle e chorar.

Se Deus é todo infinito e pleno, é meio difícil falar que Deus ri, porque o riso é uma manifestação um pouco descontrolada de um sentimento. Acontece que Deus não se descontrola, embora haja passagens no Antigo Testamento nas quais os autores descrevem um Deus irado ou ameaçador. Mas os estudos de exegese mostram que Deus está acima disso e que ele não apenas tem amor, mas que ele é amor, como diz São João!

Ele é feliz, mas não precisa estar rindo às gargalhadas para ser Deus, não é? São situações humanas que não dá para atribuir a Deus.

O mesmo vale para chorar. Como é que Deus vai ficar triste, se Deus é feliz infinitamente, e choro é fruto de certa infelicidade momentânea, ou de uma tristeza, ou de uma dor aguda. Deus não sente dor aguda. Então, não tem cabimento!

Assim, quando lemos na Bíblia que Deus chora, isso é simbólico. Quando lemos que Deus ri, isso é simbólico. Deus está acima do riso e da lágrima, mas não acima do sentimento, porque Deus sente e Deus ama porque amar é sentir algo por alguém, e isso Deus sente. Mas, quando tentamos descrever a Deus, há sempre o risco de imaginá-lo errado.

Por isso é preciso que, quando a gente falar de Deus, usar uma linguagem acessível aos pequenos e aos de poucos estudos. Têm poucos estudos, mas não significa que não são inteligentes nem capazes de entender. Às vezes é difícil falar dos atributos de Deus. A linguagem humana é muito pequena e frágil para poder explicar tudo isso, mas é preciso que os que falam de Deus levem em consideração tudo isso.

Não! O Deus em quem cremos não precisa do riso, também não precisa do choro; ele já manifesta a sua desaprovação, se ele tiver que se manifestar. Jesus era humano e divino, assim cremos. No caso dele, mostrou seu lado humano ao chorar e ao sorrir.

Toda vez que ouvimos alguém dizer que Deus vai chorar por causa de nossos pecados, saibamos que esta pessoa não está fazendo teologia correta. Expressões humanas atribuídas a Deus são somente atribuições nossas. Ele está acima disso.

Descendentes de Caim!

Se o céu existe e se Deus existe – e cremos nisso –, Deus é diferente do que pensamos e o céu não é exatamente como imaginamos. Creio, pois, num Deus maravilhoso, justo e bom que não se comporta exatamente como as religiões dizem que ele se comporta. Creio num céu que deve ser um jeito feliz de se viver para sempre, mas ninguém aqui na terra sabe como é. Desconfie de quem diz que já foi lá e voltou!

Quem diz que sabe e que foi lá e viu, está mentindo. Pior ainda se alguém mata e diz que Deus mandou matar. Assim sendo, fico a imaginar, já que não sei como acontece, como foi a recepção no céu dada a Francisco de Assis, a Clara, a Luther King, a Teresa de Calcutá, a Mahatma Gandhi, a Vicente de Paulo, a João Paulo II e aos mártires que deram a vida pelos outros. Os que viveram de amor e de compaixão, lutaram pela paz e morreram por ela sem matar, certamente, estão na eternidade experimentando o que não sabemos como é. Eles agora têm certeza, mas nós só temos esperança e fé.

Mas imagino que recepção foi reservada aos religiosos, políticos e salvadores da pátria que envenenaram seus fiéis, que mandaram matar seus adversários e que, em nome de Deus, se comportaram como pequenos deuses. Criaram guerras e derramaram raivosamente o sangue de quem não orava como eles. Acredito em Jesus e acho que ele realmente conhecia o céu, viera de lá e lá está com Deus. Perdoou e nunca mandou matar ninguém.

Penso que ninguém sabia de céu mais do que Jesus. E foi ele quem disse que os que matam, roubam, caluniam, a menos que se arrependam, não entrarão no céu. Mas foi ele também quem disse que milagreiros, profetas, curandeiros e exorcistas também não vão entrar no céu, se tiverem negado amor e carinho a quem precisava.

Foi ele também quem disse que, surpreendentemente, muitas prostitutas irão para o céu antes de certos religiosos graúdos e falastrões que nadam em dinheiro e poder, mas não são capazes de dialogar nem respeitar os outros. Eles ensinam a amar suas igrejas acima de tudo e a odiar e destruir as outras igrejas.

Religiosos que matam e mandam matar não levam para o céu. Antes, criam um inferno aqui mesmo para quem ousa querer um céu ou uma terra diferente do céu e da terra que eles anunciam. Apresentam-se como eleitos por Deus, mas, ao decretarem a morte dos outros, comportam-se como eleitores do demônio. Não confie nessa gente. Deus não está com eles. Caim foi rejeitado por Deus. Eles também o são. Conhecem sua Igreja, mas não conhecem o amor!

Amor e convicção

É possível ser convicto do bem e do mal. Os santos vivem a convicção da caridade, da fraternidade e do bem. Muitos líderes religiosos, políticos e guerreiros viveram a convicção da guerra permanente, da revolução incessante, da morte aos inimigos, da nova ordem, do aniquilamento da oposição e da ditadura dos proletários. E a História registra os que convictamente mataram em nome de Deus, de Javé, de Alá e do deus em quem acreditavam. E não foram poucos os ultraconservadores ou ultramodernistas que tornaram a vida de seu povo um inferno. É possível ser convicto, gentil, fraterno e companheiro. É também possível ser "convicto", mas fanático e obcecado por uma ideia ou por uma religião. O "vale-tudo" determina que tipo de pessoa você é e o tipo de governante que seria, caso vencesse as eleições. Convicção que opta pela violência não é convicção. Achemos outro nome para isso!

Religiões que não amam

A proliferação em escala mundial de pequenos e grandes grupos religiosos, entre muçulmanos, cristãos e budistas, que pretendem preservar a pureza das suas doutrinas, voltar às origens e defender a verdade, causa imensa preocupação.

Isto porque não estão somente no campo das ideias. Muitos desses grupos estão armados até os dentes, dispostos a explodir gasodutos, oleodutos, fábricas, hotéis e até cidades. Criam-se para o ódio. Destroem também templos de companheiros da sua religião, mas com postura mais serena e pacífica. Aderiram à retaliação, à vingança e ao ódio. Eles odeiam em nome de Deus.

Por mais esdrúxulo e estranho que isso pareça, está nos seus livros sagrados que muitos dos seus heróis mataram em nome da fé. Eles se acham no mesmo direito.

São senhores da vida alheia e da própria vida e dizem que dão a sua vida para seu deus e tiram a vida dos outros em nome do seu deus. São religiões que amam os amigos e odeiam seus inimigos.

Jesus colocou-se contra isso, dizendo aos seus seguidores que precisavam amar os inimigos e que a ninguém era dado o direito de tirar qualquer vida, muito menos em nome dele.

Mas, ao caminharem como estão caminhando, as coisas desembocarão numa guerra de fundo religioso e em escala mundial, porque eles estão em toda parte. Não acreditam mais em amor ao próximo, nem ao distante, nem ao adversário. E alguns estão tendo dificuldade em amar até os da própria religião. Se faltava um cenário para o aparecimento do Anticristo, aí está.

Não admira também que haja milhares de pequenas igrejas, de pequenos pregadores, a dizer que o Anticristo já veio e está agindo nos exércitos, nos governos, nos templos e nas igrejas, semeando ódio, ódio e ódio.

Eu continuo ingênuo e acreditando em Jesus, no seu perdão, no arrependimento de quem tenta consertar o erro que cometeu e de quem perdoa quem o ofende ou, no máximo, não conseguindo perdoar nem ser perdoado, cala-se e confia na misericórdia divina.

Errar todo mundo erra, mas ensinar ódio, organizar-se em nome do ódio e ainda dizer que foi Deus que os inspirou, isso é dose! Chegamos à era das religiões de dois altares: um para o amor, outro para o ódio.

No do amor eles colocam as suas oferendas, no do ódio os seus inimigos. Seu ódio é tão grande que, se um anjo do céu descesse pedindo que parassem de matar, talvez matassem esse anjo. Não foi isso o que fizeram com Jesus?

O riacho que não desiste!

O verbo é amar. No mundo inteiro a palavra amar supõe encontro, procura e aceitação... Também supõe persistência. Quem ama raramente desanima. O amor mostra a melhor parte do ser humano. Quando o amor atinge uma pessoa, faz com ela como faz o escultor com uma pedra. Dá-lhe uma forma que estava lá, mas faltava um toque criador. O amor toca e retoca a pessoa. Leva-a à plenitude. É sempre qualificante e plenificador. E é sempre revolucionário. Se é amor de verdade, gera relações profundas e duradouras. Não é coisa nem de semanas nem de meses. É de uma vida.

O Santo Livro, ao falar do amor de Deus, não poupa adjetivos e até mesmo não os encontra. Amar é, sem dúvida, o verbo mais qualificativo de todos os verbos que existem. Acrescenta sentido ao verbo viver e é a razão fundamental pela qual o ser humano foi criado e continua evoluindo. O ódio também sacode o mundo, mas deixa um rastro de destruição à sua passagem. O amor nem sempre sacode. Por mais suave que venha, deixa tudo melhor do que estava.

Nos Evangelhos, percebe-se que a razão fundamental da ação de Cristo foi a de ensinar o ser humano a conviver com Deus, consigo mesmo e com os outros. Conviver já é um passo decisivo que vem do amor e leva ao verbo amar. Tolerar alguém pode não ser um ato de amor, mas conviver é. João define o amor como convivência, ao dizer que "Deus amou tanto este mundo que enviou a ele o seu Filho" (Jo 3,16). O Filho veio conviver conosco. Isso de Deus querer viver conosco e ser um dos nossos seria a coisa mais impensável de qualquer teologia. Pois os cristãos ousadamente pensaram e ensinam isso. Jesus deixa ainda mais claro quando diz que veio para isso e um dia nos levará a conviver com Deus e em Deus.

> E quando eu for, e vos preparar lugar, virei outra vez, e vos *levarei* para mim mesmo, para que onde eu estiver estejais vós também (Jo 14,3).

O supremo mandamento de Jesus é o amor e não há nada mais importante do que ele. Até nossas ofertas devem ficar esperando lá no altar, se alguém estiver precisando de nosso diálogo e de nossa paz.

> Deixa ali diante do altar a tua oferta, e vai *reconciliar*-te primeiro com teu irmão e, depois, vem e apresenta a tua oferta (Mt 5,24).

Fácil não é nem nunca foi, porque muita gente mais atrapalha do que ajuda o ato de amar. Mas quem ama, continua! Faz como o riacho diante das barreiras. Cresce e continua!

Segundas núpcias

Julgar situações é uma coisa. Julgar os situados, outra! É de impressionar o número de artistas, políticos, esportistas e homens e mulheres com alguma notoriedade que deixaram o primeiro casamento. Alguns deles já estão na quarta ou quinta relação.

Olhando de fora, friamente, diremos que não seguraram as relações anteriores. Como nunca se deve olhar com frieza nenhuma separação, porque quase todas são dolorosas, a conclusão é bem mais humana: nem todos eles ou elas conseguiram adequar os sonhos e as promessas à realidade das vidas que levavam.

O que isto significa? *Que muitos deles são tentados além do seu limite.* Relacionam-se muito, encontram muitas pessoas do sexo oposto e muitas vezes, em situações de grande proximidade, são chamados a encontros ou cenas que os provocam. Em muitos casos parece até que são empurrados na direção dos outros e das outras. Nem todos resistem.

Há os que conseguem. Famílias solidamente erguidas, laços benfeitos, esposas ou maridos serenos e fortes, filhos maravilhosos, ajudam, e muito, a passar pelas provocações da profissão ou do cargo sem arriscar um bem precioso como é a relação matrimonial.

A religião ajuda e o amor também. Mas, quando carreira, profissão e trabalho falam mais alto, é de esperar o distanciamento. Distanciamentos se revelam fatais para pessoas públicas. Não admira que, à medida que lemos os noticiários ou vemos televisão, somos informados de que tal político, tal atriz, tal cantor, tal pessoa terminou seu casamento e está com outra ou com outro. Se não são católicos, não nos devem explicação. Que falem os seus orientadores. Se o são, também não devem a nós que nem sequer os conhecemos, a não ser pela fama. A Igreja constituiu sacerdotes para esse diálogo com pessoas em segundas núpcias. É lá que revelarão seu foro íntimo. É lá que se analisará o que houve e qual a parte ferida na separação.

Nosso olhar precisa ser não o de quem julga, mas o de quem procura entender. Vida pública é como vida pessoal, com a diferença de que as pessoas públicas são muito mais sujeitas às tentações de poder e de prazer. Têm dinheiro e glamour e, se quiserem, podem. A dor que fica é que às vezes nunca mais vai embora!

Casar é renunciar

Quem casa renuncia a alguns aspectos da vida, mas ganha noutros. Quem se casa não perde, ganha: presença, cuidados, carinho, filhos, companhia, apoio, prazer, ternura. Mas é claro que também terá seus momentos de tensão, crises, conflitos, renúncias e outros "nãos-nãos" embutidos nesse enorme "sim-sim" que é o amor.

Quem não admite perder um pouco, renunciar muitas vezes, perdoar e reavaliar outras tantas, não está pronto para casar. Na nossa Igreja, é para sempre. Por isso, convém pensar antes. Vai haver conflito amanhã.

Apostar demais no corpo

Levada ao hospital, constatou um gravíssimo problema nos rins, inchou, ficou deformada. Tinha quarenta e três anos. Dali por diante, foi de clínica em clínica, de pronto-socorro em pronto--socorro, o corpo negando-se a colaborar. Consumira-o e consumara-o em boates e em outros lugares de nudez e sexo. Vivera de vender seu corpo escultural.

Agora que aparecera a enfermidade, tivera tempo para pensar. Foi o conselho que deu para duas sobrinhas empolgadas com a própria beleza: "Não apostem demais nisso. Eu apostei e perdi o sentido dos outros valores. Tudo o que eu tenho para lembrar são as fotos de meu corpo lindo e sarado. Infelizmente, não tenho muitos outros valores para deixar de herança. Então, ao menos escutem o meu conselho: apostem em valores maiores do que seus corpos. Não é uma boa. Não negociem com eles. Eu negociei com o meu e admito, hoje, que foi um grande erro. Ele não me pertencia. Vendi a matéria-prima que Deus me dera para, com ela, construir outros valores".

Valeu o seu conselho e a sua conversão. As sobrinhas desistiram da carreira de *strippers*. A pedido dela, a irmã queimou todas as fotos e revistas de um passado doloroso. Ficou, digitado num quadro de parede, o conselho da tia: "Não vale a pena investir demais no corpo. Invista em algo mais importante do que ele. Seu corpo não lhe pertence".

O sexo nas trincheiras da mídia

Quem passa perto das bancas de revistas ou de cinemas, a não ser que feche os olhos, perceberá que tipo de sociedade se tornou a nossa: permissiva. Nudez total, frontal, lateral, nádegas, sugestões, convites e deboche. O sexo está em toda parte. Também nas ruas onde travestis e meninas de programa expõem sua nudez nas avenidas. O preconceito ainda existe, mas a repressão acabou. Fala-se e mostra-se lasciva e abertamente o corpo para todos os fins em passarelas, programas de televisão para adolescentes, dentro de banheiras com sabonetes, ou debaixo de chuveiros, tudo sob o aplauso e até o elogio dos espectadores. O sexo virou espetáculo. Dá ibope e vende.

Uma sociedade que assumiu abertamente a indústria do prazer e do erotismo gera atitudes e posturas que tendem a radicalizar. De um lado haverá os defensores da liberdade total e de outro os que exigem um controle. No momento, no Brasil venceram os defensores do vale quase tudo. Falta pouco para o vale-tudo.

Mas o sexo nunca vem sozinho. Traz amor e prazer, mas também traz conflitos, tristezas, provocação, violência, ódio, vingança, exploração, loucura, desequilíbrios, fraquezas, aborto, Aids, festa e luto. É a triste realidade desde que o mundo existe.

A humanidade, então, cava trincheiras e começa suas guerras dos sexos ou dos conceitos sobre sexo. Quando vence a religião, o sexo é reprimido e colocado a serviço da vida e do espiritual, com restrições, proibições e repressões que machucam. Quando vence o mundo, a permissividade acaba gerando escravidão, dominações, parcerias com dinheiro, droga e violências de todos os tipos.

Estamos perto do confronto. A radicalização dos movimentos vai gerar conflitos enormes que já começaram na questão do aborto, e agora na questão da Aids e do "orgulho *gay*". São mundos opostos. A religião tem um enorme desafio pela frente. Combate? Dialoga? Cede? Explica? Rema contra a corrente? A meu ver estes próximos vinte anos serão de enorme desafio. As igrejas dizem uma coisa e vastos setores da mídia, outra. Os ouvidos dos fiéis ouvem uma coisa nos templos, seus olhos veem outra na rua, na internet e na televisão. O tempo dirá onde isso vai dar. Vem guerra por aí.

A indústria do erotismo

Parece mais do que claro que o ser humano tem direito ao uso do sexo. Está claro também que tem direito ao prazer. Aquele que, ao criar a pessoa humana, associou sexo e prazer não está contra o fato de que pessoas que se comprometeram pelo amor e estão livres para constituir família se amem e tenham alegria com isso. A vida já tem tantos dissabores! Por que, então, marido e mulher ainda teriam que procriar ou coabitar sem alegria? A Igreja Católica, no seu catecismo, define sexo como ternura, que significa: maciez, delicadeza, leveza, gentileza.

Mas uma coisa é viver o prazer puro, bonito, maduro e natural do amor conjugal, que é ternura e doação de homem e mulher que se amam, e outra, muito outra, vivê-lo como se o sexo fosse o fim único da vida dos dois. Tudo o que vira um fim em si mesmo, vira idolatria. A indústria de erotismo que tomou conta do cinema, das revistas, de *shows* e espetáculos, da moda e de ambientes até então sagrados, despiu, banalizou e coisificou o corpo e o sexo, criou mitos e ídolos, e frequentemente omite o algo mais que dá sentido a uma relação sexual: o amor.

Ao acentuar em demasia a carnalidade do corpo, esqueceu a sacralidade da pessoa. Não deixa de ser significativo que, quanto mais cresce a nudez e a ousadia nas telas, mais se invade a privacidade do cidadão. Se pode desnudar aquilo, por que não o resto?

Onde entra o erotismo como um fim em si mesmo, sai a espiritualidade. E pela mesma janela sai o amor. Dos desvios do nosso tempo, a indústria do erotismo é um dos mais cruéis.

Quando o corpo vira um produto, acaba manipulado, embalado, moldado e vendido como coisa. E com ele, não poucas vezes, seu portador. Como não dá para a pessoa vender suas formas e ficar em casa, o preço do corpo vira o preço da pessoa!

Sexo só para procriar?

Houve uma discussão aqui em casa sobre o assunto. Os jornais dizem que a Igreja só aceita sexo para procriar. Se um casal não pode ou não quer ter mais filhos, não pode fazer sexo? (Aline V. Setúbal, São Paulo).

Dona Aline, Paz inquieta e ternura de Jesus em sua casa! Veja o que é uma informação tendenciosa ou insuficiente! Como confunde! Veja também que falta faz uma verdadeira catequese na nossa Igreja. As pessoas vivem do disse-me-disse e raramente são informadas do que realmente nossa Igreja pensa.

Bastaria fazer uma pequena pergunta: a Igreja permite que um casal de idosos faça sexo, mesmo quando eles não podem mais procriar? Sim, permite. Então ela admite o sexo por amor! A Igreja admite que um casal possa se relacionar sexualmente, mesmo quando a mulher precisou extrair o útero? Sim! Então, ela abençoa o encontro amoroso do casal que crê, mesmo que o ato não seja procriador. E quando o casal pode ter mas não quer mais filhos. Como é que fica?

A Igreja permite que um casal limite ou espace os filhos. A questão não é se pode, mas que métodos usará. Se forem métodos que matam o embrião ou o feto, não. Se forem métodos que não atentem contra o embrião e o feto, sim. Marido e mulher podem fazer sexo quando bem entenderem e por amor. Podem também decidir que não vão mais procriar. Mas o casal deverá então ter o cuidado de não conceber, porque, concebido o fruto, a gravidez deve ser levada até o fim.

A Igreja não aceita métodos abortivos nem o aborto. O jornalista que escreveu que o casal católico só pode fazer sexo quando a mulher pode engravidar e, fora disso, o sexo é pecado, disse uma tremenda mentira. A doutrina católica não ensina isso. O casal católico não tem que querer um filho toda vez que for para a cama. O que a Igreja não admite é que um casal já comece a sua relação e se case excluindo esse bem fundamental do matrimônio, que são os filhos. O povo diz que quem casa quer casa, mas quem casa também tem que estar aberto à possibilidade de ter filhos e querê-los. Sem isso o matrimônio deixa de cumprir uma de suas finalidades fundamentais.

Se é verdade que é preciso amor, sem o qual não passa de um contrato estéril, também é preciso admitir a maternidade e a paternidade. Não vale um casamento em que um dos dois mentiu que amava e não amava; também não vale quando um deles se casa com a intenção de jamais dar um filho ao cônjuge. É injusto para com a pessoa que deseja filhos. Uma coisa é descobrir mais tarde que não pode e outra é ir para o casamento não querendo filhos.

O que se sabe antes tem um peso, o que se descobre depois tem outro. Para a Igreja é errado alguém dizer: "Quero você, mas não quero filhos com você!".

Pode-se discutir a vida inteira sobre se este ou aquele método é eficaz e sobre o acidente de se ter um filho que não se desejou. Assim como os cientistas não engolem muita coisa que a Igreja ensina, a Igreja não engole muita coisa que a ciência garante. Estão dando como 100% garantido o que não é garantido.

Estão acomodados com pílulas abortivas quando podem descobrir respostas mais concretas do que isso. Para a Igreja, a discussão de quando um corpo começa a ter alma e em quantas horas ou semanas pode ser tirado ou não pode, é irrelevante. A pequena semente de laranja será laranja, e não melancia. O pequeníssimo ser que começou à noite passada não será filhote de cobra nem de girafa. Será um ser humano. A Igreja não aceita que seja morto. Podem chamar isso de tolice. Eles ficam com as deles e nós com as nossas, se tolices forem.

Quanto à afirmação de que casais católicos só podem fazer sexo no período fértil, isso sim é tolice das maiores. A Igreja não ensina isso! Informe-se mais a respeito. Há livros que tratam exclusivamente disso. Os agentes de pastoral familiar aí de São Paulo saberão orientá-la.

Você entende de sexo?

Como a maioria dos adolescentes, você já viu cenas de sexo e de alcova na televisão, ou já ouviu falar e certamente já leu. Saber, você sabe! Mas é como saber tudo sobre futebol e nem por isso saber jogar. E não basta entrar em campo. Ou a pessoa sabe o que faz e por que o faz, ou não faz direito e acaba se machucando.

Entregar o corpo a alguém é coisa bem mais séria do que passar uma bola para o companheiro de jogo. Um médico amigo meu dizia que o sexo antes do casamento é uma coisa, dentro dele é outra. Fica bem mais complexo e bem mais solidário. Traz mais alegrias, mas também mais renúncias. A outra pessoa tem que valer a pena. Seria, ainda segundo ele, como treinar pingue-pongue para depois jogar futebol. O amor conjugal é muito mais complexo!

Já que você sabe tanto, pouparei seus olhos dos detalhes. Guarde apenas este pensamento: *estar informado para o ato sexual é bom, mas não é tudo. A pessoa tem que estar formada! Informação sobre sexo é uma coisa; formação para o sexo é outra!*

De côncavo e de convexo

Há instrumentos que entram e há os que recebem. Nenhum dá certo sem o outro. E precisam ajustar-se bem. Na indústria isso é calculado com precisão milimétrica. Porcas recebem o parafuso e este depende delas para sustentar as vigas. Duas porcas não seguram uma viga, nem dois parafusos a mantêm unida. Um é feito para o outro.

O corpo da mulher é côncavo, curvilíneo e feito para receber. O do homem é convexo, mais retilíneo e pronto para penetrar. Nenhum dos atos é melhor ou maior do que o outro. Não haveria águas nos rios se seu leito não fosse côncavo. Não haveria alimentos se uma cova côncava não recebesse e acalentasse a semente. Também seriam bem mais difíceis o plantio e a colheita sem instrumentos convexos. As águas correm no côncavo. Mas caem convexas.

Estamos falando de sexo, não como prazer sensorial, mas de sexo como sustento, apoio e vida. Como prazer, ele acontece uma vez, algumas vezes, milhares de vezes para um rapaz ou uma moça, sem chegar ao seu sentido fundamental. Como encontro sereno de diálogo, ele só pode acontecer com duas pessoas que entenderam o seu lado côncavo e o seu lado convexo. Os dois doam, os dois recebem, os dois sustentam, os dois projetam.

A linguagem do sexo é, pois, a linguagem da vida e de corpos em diálogo. Se um aperto de mão e um abraço têm que ser dados com o maior respeito pela pessoa que conhecemos, ou que ainda não conhecemos, uma entrega que supõe troca de líquidos e fluidos, tal a sua intimidade, tem que ser ainda mais criteriosa. É aí que muita gente erra, mesmo quando o faz com amor e desejo de ajudar a outra. As pessoas precisam estar prontas para entregar e receber uma joia de altíssimo valor. O corpo humano do homem ou da mulher é esse tipo de joia. Dar a qualquer um, de qualquer jeito, é desperdiçar vida.

Aquele corpo especial

Falo de corpos humanos: do seu e do dele, do seu e do dela. O seu é especial. Os da pessoa que você diz que ama, também. E também o da pessoa que você não ama, mas quer para si porque é linda, sarada e atraente. Há quem o possa dar porque já se possui e há quem ainda não pode porque ainda não se possui. Se alguém não governa os instintos, ainda não se possui. Pode até acontecer que pessoas que se governam e se controlam, um dia, por terem bebido ou estarem em crise, se descontrolem e até percam o domínio de si. Imagine, então, quem nunca se controlou nem aceita controle!

Sexo sem segredo

Milhões de pessoas não disfarçam a sua necessidade de sexo e de prazer. E tanto não disfarçam que o número de motéis e casas de encontros para fins de sexo é praticamente incontável. Isso significa que as pessoas precisam de um lugar para o seu prazer, dirigem-se a esses lugares, alugam por um tempo um quarto para realizar o que não podem fazer em casa.

A indústria do sexo, sabedora das necessidades e dos impulsos humanos, criou os motéis. Os governos os permitiram porque lhes parece um mal menor. As igrejas os condenam e os cidadãos seguem os próprios impulsos.

Mas, por trás da indústria dos motéis, que serve em geral à indústria do prazer, está o fator humano. Nem todas as pessoas têm a intenção de viver ao lado de um ser humano por quem sentem atração sexual. Não tendo apartamento, casa ou lugar para viverem juntos, valem-se daquele momento efêmero e utilizam as dependências de uma instalação pensada para este tipo de necessidade. Assim fazem e assim agem.

Não é novo. Apenas se tornou um serviço mais sofisticado, com propaganda nos jornais e na televisão. O fato de muitas cidades terem tantos motéis quantos templos mostra que a religião não conseguiu disciplinar este instinto. Mas é bom lembrar que na maioria das cidades há mais fiéis indo orar nas igrejas do que pecadores indo a essas casas. A fé ainda é mais forte.

As igrejas pregarão mil anos e o ser humano ainda seguirá os seus instintos. É que religião não é feita de anjos e, sim, de seres humanos. E humanos, na escolha entre seguir o que dizem os seus livros santos, muitas vezes seguem os seus instintos. Nem por isso as igrejas dirão que é saudável, sadio e bom. Há ser humano amansado e domesticado. Há o ser humano canalizado que se deixou canalizar, mas sabe que às vezes transborda. O pecado existe, a confissão existe e o arrependimento existe. Feliz daquele que conseguiu o controle das próprias rédeas.

Religião às vezes atrapalha. Na maioria das vezes, ajuda!

Sexo demais, na mídia e na rua

Há sexo demais e sexo de menos. Os que passam dos limites falam de sexo como se fosse a mesma coisa que comer, beber e dormir. Vale qualquer coisa para matar essa fome. Mas sexo não e sanduíche, nem copo de água, nem brinquedo de casal em festa com qualquer parceiro e a qualquer momento.

Eles não sabem, mas nós sabemos que se pode viver sem esta expressão vital por muitos dias e vida afora, se isto for necessário. Não se pode viver sem comer, sem beber e sem dormir, mas sexo se canaliza, se adia, se renuncia a ele por algum bem maior. É difícil, mas não é impossível. Pode trazer sofrimentos e danos, mas pode trazer crescimento interior. Depende da paz e do sonho de quem o administra. Então não pode ser o assunto número um da vida. Há premências maiores. É um instinto forte, mas comer, beber e dormir são muito mais urgentes e inadiáveis.

O mundo, contudo, às vezes o põe como a urgência maior de uma vida. E não é! Qualquer adolescente sabe disso. Só eles não sabem nem admitem, principalmente, que se servem da indústria do sexo, que é bilionária. Quanto mais estímulo, mais lucro!

Há uma preocupação doentia com o corpo saudável. O objetivo acaba sendo o de ter saúde para poder ter alguém que satisfaça esta fome de prazer: ter saúde para ter mais sexo. Virou obsessão e doença em algumas pessoas. O sexo que fazem tornou-se mais importante do que os relacionamentos que deveriam buscar.

Assim, relações humanas, para alguns, acabam se tornando relações sexuais que, na verdade, são apenas um aspecto do vasto espectro das relações humanas.

A indústria do sexo faz isso, alimentando a libido com um mundo de publicações nas bancas, nas livrarias, na internet, no cinema, na televisão, nos *outdoors*, no espetáculo, nas canções.

Assim, o que era para duas pessoas viverem na privacidade de uma entrega feliz, bonita, pura e saudável, foi desprivatizado e virou invasão de publicidade que hoje está mais para evasão do que invasão. Há milhões querendo ser fotografados e desejosos de vender o seu sexo... As câmeras estão por toda parte filmando corpos nus e casais em busca de prazer para vender e vender e vender. Isso porque há os que compram e os que vendem!

Sexo demais está levando milhões ao desequilíbrio, até porque qualquer criança pode acessá-lo e nem todas as pessoas têm controle sobre esta sensação. Se fabricantes e divulgadores de explosivos precisam ser controlados e proibidos de divulgar o que sabem, também os divulgadores de pornografia precisam ser proibidos. Para milhares de cabecinhas, o sexo sem controle funciona como bomba! Detona-os para toda a vida.

O sexo como gesto de caridade

A uma jovem senhora a quem um conselheiro mais radical dissera que pecava por desejar sexo todos os dias, diante de um marido que não tinha o mesmo apetite, respondi com duas perguntas: "É errado gostar de alimento saudável e querê-lo todos os dias, ainda que com alguma outra variedade? É errado seu marido não gostar de comer todos os dias o mesmo prato que a senhora deseja?".

Ela começou a rir. Vali-me do momento para lembrar que tinham três filhos saudáveis, uma convivência bonita e que o mesmo Deus que pôs nas pessoas o instinto sexual e o desejo pôs, também, a capacidade de falar e dialogar. Ele deveria levar em conta sua necessidade e ela deveria considerar a dele. Evidentemente haveria um meio-termo que satisfaria a ambos, sem maiores cobranças ou mágoas.

Ela brincou dizendo que o marido não gostava de basquete, mas era bom de halterofilismo. Era um homem carinhoso. Lembrei-lhe de que nem o homem nem a mulher escolhem o apetite que têm, mas, sem culpa, pode-se controlar o desejo de um que prejudica outro. Se havia outros aspectos do seu matrimônio que os satisfaziam, era bem mais fácil chegarem a bom termo. Mas, culpada e pecadora por desejar tanto o seu marido, ela não era.

Há um desejo sexual que se transforma em obsessão e há outro que se torna caridade. Mas nenhum cristão deve sentir culpa porque se casou com alguém cujos carinhos deseja. Não! Ela não era ninfomaníaca! Longe disso! O conselheiro que a deixou confusa faria bem em estudar melhor o seu manual de psicologia e o *Catecismo da Igreja Católica*, que diz:

No casamento, a intimidade corporal dos esposos se torna um sinal e um penhor de comunhão espiritual. Entre os batizados, os vínculos do matrimônio são santificados pelo sacramento (2360). A sexualidade é fonte de alegria e de prazer (2362). Pela união dos esposos realiza-se o duplo fim do matrimônio: o bem dos cônjuges e a transmissão da vida (2363).

No casamento, quem se nega sistematicamente aos carinhos do outro vai contra a caridade. Quem acha que não tem para dar tudo o que a pessoa bem-amada deseja, dialogue. Churrasco e vinho são coisas boas, mas todos os dias podem ser demais...

Controlar o sexo dos filhos

Alguns pais conseguem passar aos filhos a maneira de ser, orientar sobre e até contra os fatos da vida e prepará-los para assumirem seus afetos, seus laços e as relações que fatalmente virão. Se moram perto da montanha e lá existem lobos, desde pequenos os meninos e meninas sabem que há regiões onde não devem ir. O mesmo com relação à floresta ou ao mar. E devem ser orientados sobre humanos que se aproximam deles.

De laço em laço os filhos aprendem com quem atar e desatar, com quem não se ligar e como se ligar. Finalmente aparece o amor cheio de carinho, desejo e respeito e eles se entrelaçam em muitas relações de amizade, respeito, admiração, carinho e, finalmente, sexuais. É o sexo canalizado, dirigido para a formação de laços e famílias sólidas; é homem e mulher sabendo que se dão mais do que os corpos, do jeito certo para a pessoa certa e no tempo certo.

Aviões precisam controlar o fogo para voar, fogões cozinham porque seu fogo é controlado, carros levam porque o motorista lhe controla o fogo e o dirige freando e acelerando do jeito certo. É o controle que decide o destino dos barcos, dos carros e dos aviões. Alguém aprendeu a usar aquele fogo e administrá-lo. Não saímos por aí incendiando tudo só porque temos isqueiro e fósforo. É preciso saber como e quando usar.

O desejo sexual é um fogo latente que com o tempo aparece de forma discreta e às vezes de forma bem visível. Se adolescentes e jovens, do sexo masculino ou feminino, não aprendem a controlar seus corpos e o fogo do desejo que aparece naquela idade, acabarão usando mal de sua beleza, de sua saúde, de suas formas e de seu poder. Arriscou demais a lindíssima menina que postou sua foto com apenas três folhas de parreira sobre os seios e sua parte "pudenda", como disse a avó. Ela pode não ter tido nenhum desejo de sexo, mas despertou muitos desejos em rapazes e meninas. Dificilmente poderá apagar aquela imagem, como a Xuxa nunca mais conseguiu apagar a memória da sua nudez diante de um menino, num filme que ela tentou proibir. A menina que postou sua foto tinha 17 anos. Mostrou-se poderosa, mas também muito ingênua! No mundo inteiro é o mesmo que se expor a um possível sequestro de rapazes que de anjos não têm nada. Confiar é uma coisa, expor-se perante milhares de olhos é outra.

É claro que o sexo é um poder. Com ele podemos dar alegria ou tristeza, dar vida ou morte, ferir ou elevar. Depende do uso que fazemos. É o mesmo que lidar com fogo. Sabendo usar, podemos construir monumentos e cidades.

O sexo é para a construção da família, de amores bonitos, de vidas novas, de relacionamentos maravilhosos entre homem e mulher. Dá paz e faz um bem enorme quando bem utilizado. Mal-empregado traz tudo aquilo que já conhecemos e que frequentam diariamente as páginas policiais.

Diante dele o ser humano às vezes se descontrola. Como se faz com o rio que extrapolou, limpa-se, purifica-se e torna-se a canalizá-lo de tal forma que nunca mais extrapole dos seus limites. Os que sempre acertaram com relação ao uso do instinto do sexo agradeçam a Deus porque foram bem canalizados. Souberam usar das águas do seu riacho. Os que já erraram e sabem que feriram alguém com sua libido, busquem a graça da conversão e agora usem da oportunidade de fazer o bem, porque fazer o bem e elevar pessoas também é instinto vital.

Ninguém deve se casar só por causa de si mesmo. Deve ter em mente a outra pessoa que supostamente ama e os outros que podem nascer dessa união. Quando há "eu" demais numa pessoa, há "nós" de menos. Havendo "nós" de menos provavelmente terá dificuldade de partilhar seus sentimentos ou respeitar o dos outros. Diques devolvem o rio ao leito a partir da sua contenção. Penitência devolve a pureza a quem a perdeu. Deus controla e ensina a controlar, quando aceitamos as leis da natureza e as leis da nossa fé e nos arrependemos. Como sabemos que a sexualidade sadia é ou não é vontade de Deus? Pela paz que pode gerar e pelas guerras que costuma criar.

Os ajustes do sexo e do casamento

Casar sem se ajustar é o mesmo que comprar uma casa pronta e não fazer nenhum reparo. Mais cedo ou mais tarde descobrirão que o que é cômodo não é necessariamente melhor. O carpinteiro que colocou a porta principal da nova casa teve que fazer muitos ajustes, até que a porta funcionasse.

Mexeu no batente, na porta, nos gonzos e na fechadura. Depois veio o pintor. Os dois levaram quase três dias para ajustar uma porta pré-fabricada. É que ela *estava preparada, mas não estava pronta. A ternura é a porta principal do casamento.* Por ela entrará a felicidade dos dois e também muita coisa perniciosa. Dependerá do tipo de chave, de trave de segurança e do cuidado que terão com aquela porta. Quando alguém é cioso do que tem, não deixa a porta escancarada. Mas, para que a porta funcione, os dois precisarão fazer ajustes.

Nada mais errado do que um casamento onde um, em nome do seu trabalho ou de sua profissão, ou do *projeto* que fez para ambos, exige que o outro engula tudo. Afinal, dizem, ele ou ela, que estão cuidando da felicidade do casal! É o seu ponto de vista, mas não é o dos dois. Quem casa quer amar e ser amado, e isso exige gentilezas, atenção, cuidados, proximidade, presença, intimidade e momentos quase sagrados e só deles. E não pode ser nem pouco nem de qualquer jeito. Os ajustes do casamento são fundamentais para que os dois possam viver bem e segurar aquela relação.

Nossa sociedade supervalorizou o indivíduo em detrimento da comunidade. Mas é de comunidade que se trata, quando alguém se casa. Quem quer que o outro se adapte, mas não faz nenhum esforço para que a pessoa com quem se casou se sinta bem, prometeu e não cumpriu sua parte do trato. A ternura é fundamental. É gonzo da porta. Se não funcionar, a casa não estará segura!

Sodoma e Gomorra

Sodoma e Gomorra não se ajustaram. Lá, o rio do sexo transbordou. Como também transbordou em Esparta e Atenas e em Roma. E tem transbordado em muitos países do Ocidente. Acreditam que riachos não devem ser controlados, mas isso até que os crimes e estupros e o comércio do sexo descambem para a violência.

A era de intenso erotismo e descarada pornografia em que vivemos não é novidade. Tivessem Sodoma, Gomorra e Roma os recursos visuais de hoje, haveria empate. Corrijo: o mundo de hoje os derrotaria em volume e ousadia. Nudez, bacanais, orgias nos palácios e nas ruas, festins de sexo, homossexualidade nas ruas, tudo isso é descrito na Bíblia até mesmo em detalhes, para mostrar a que ponto chega a busca desenfreada do prazer. Paulo, em Romanos, descreve, sem nenhuma timidez, o quadro do que acontecia no seu tempo. Chama-as de paixões vergonhosas. Exige dos fiéis que fujam daquilo.

O advento do cinema e da televisão e, com o tempo, a proliferação dos canais e sua acirrada competição por audiência, que, em troca, lhes traz anúncios e dinheiro, levaram os diretores de programação a oferecer o inusitado, o proibido, a violência, a nudez e a provocação erótica como um dos mais utilizados recursos de captação de audiência. O conteúdo cultural ficou em segundo plano. Para não doer demais a consciência, decretaram que erotismo e nudez também são formas de cultura.

Se estão no ar, é porque alguém sintoniza. O recurso a mulheres seminuas que abertamente provocam o espectador e, agora, homens seminus, a exploração do corpo, as danças cada dia mais eróticas, a invasão da vida pessoal dos artistas, o recurso às fofocas, brigas de parentes ou ex-amantes, ciladas e testes de fidelidade, mostram algo que no passado não havia.

Revelar, aos olhos curiosos de milhões de pessoas, a vida íntima de algum cidadão, em alguns casos, é invasão de privacidade; noutros, é evasão: eles querem ser invadidos. Pode render popularidade e dinheiro. É por isso que atrizes, cantoras e gente famosa aceitam mostrar sua nudez por dinheiro. Ontem, apedrejava-se quem ousasse passar dos limites. Hoje, admira-se, entrevista-se e até se oferecem programas de televisão. Rendem dividendos. Há indivíduos que afirmam sem rodeios aquilo que acontecerá até conseguirem o que querem. Depois mudarão. Por ora, precisam daquela exposição para ganhar notoriedade.

O sexo como diversão virou indústria de milhões de dólares, desde as casas de espetáculo, revistas, livros, filmes, canções, programas de TV, lugares de nudismo, tráfego de mulheres e sites na internet. Essa indústria precisa de personagens que promovam o escândalo. O escândalo por sua vez promove audiência, ou compradores. Isso dá dinheiro. Por isso, quem se presta a esse papel é recompensado. Homem ou mulher.

Numa sociedade regida pelo pragmatismo do lucro e da sobrevivência econômica, não é o dinheiro que se adapta à moral; é esta que se rege pela mais-valia. Isso explica a supervalorização do corpo forte ou bonito e de seus donos e donas. Sodoma, Gomorra e a Roma de Calígula não tinham nem vídeos nem televisão. Por isso não virou indústria.

A doutrina dos trajes e do corpo

A facilidade com que mulheres jovens e até maduras revelam o corpo, em desfiles, em *outdoors*, nas revistas e na televisão merece uma reflexão por parte de quem afirma crer em Jesus Cristo. Ele não entrou em detalhes a respeito de sexo, corpo e nudez em público, mas falou com clareza sobre escândalos, respeito pela pessoa e pureza de alma. Chegou mesmo a propor simbolicamente que, se uma das mãos ou um olho fosse ocasião de escândalo, a pessoa deveria arrancá-lo (Mt 18,8-9). Está claro que Jesus não propunha mutilação, como também não propunha que se matasse afogado quem escandalizasse uma criança (Mt 18,6). Usou de metáfora para demonstrar a sua repulsa por determinados tipos de comportamento antissociais ou imorais.

O que as igrejas cristãs ensinam sobre o corpo humano é que ele merece respeito e deve suscitar respeito. A nudez em público ou na mídia nem sempre facilita isso. Há uma nudez casta e pura entre casais que se amam de verdade e um quer o outro para além da corporeidade. É pura a nudez de uma criança, ou a de uma pessoa gravemente ferida. É bem menos pura a nudez de alguém que não precisa incluir aquela cena numa novela, nem numa praia, nem na rua. Descontextualizada a nudez, perde a pureza.

Uma coisa é andar nu na rua e correr nu no estádio, ou ainda ficar nu na Praça dos Três Poderes como protesto político. Outra, bem outra, foi a nudez de Francisco, ao devolver ao pai as roupas com os bens que este exigia de forma truculenta, e, outra ainda, a nudez de Cristo ao morrer na cruz.

É imoral ganhar dinheiro com a nudez em capa de revista. Não se trata apenas do estético e do belo. Alguém sabe que vai excitar a libido de milhares de pessoas, expondo a nudez para ganhar a sua parte em dinheiro. Se não é vender, é alugar. Uma coisa é cobrar pela voz, outra pela dança ou pela habilidade no esporte; outra é ficar nu para provocar e, ainda por cima, cobrar pelo aluguel da nudez. Isso as igrejas em geral não aceitam!

Da próxima vez que vir a sua admirada apresentadora, atriz ou modelo nua numa capa de revista, pense nisso. Se alguma delas se declarar cristã, questione-a. Jesus certamente não admitiria o que ela fez.

A missa e a moça

Para os fiéis que saíram daquela missa de Páscoa, às 11h30 da noite, o triste espetáculo da moça que, no dia da ressurreição do Cristo – saído glorioso do sepulcro –, se expunha nua numa esquina à procura de fregueses, chocou.

Tinham acabado de receber a carne do Cristo Glorioso, do seu corpo e do seu sangue. Vinham de celebrar a vitória do Cristo sobre a carne, sobre a morte e, de repente, lá estava uma filha de Deus, por quem Jesus também certamente morreu, desnuda no frio da noite à espera de fregueses e talvez na esperança de que alguém que saísse da missa lhe desse algum dinheiro em troca de sexo.

Uma senhora que viu falou de sem-vergonhice, outra a chamou de pobrezinha, um dos senhores, de mais idade, lamentou a atitude da moça e disse que oraria por ela. Os outros olharam e nada falaram.

Três ou quatro quadras adiante havia, no mínimo, quinze outras moças tentando ganhar dinheiro com a sua nudez e com sexo em plena noite de Libertação. Por aí, sabemos que Jesus morreu por nós, mas ainda falta muito para que aconteça o Reino de Deus que ele veio instaurar.

Enquanto ainda existirem esses tristes espetáculos de pessoas que se vendem por um dinheiro a mais, até mesmo na noite da sua vitória sobre a morte, fica o aviso de que a Páscoa aconteceu na vida de alguns, mas não na de todos. Muitos ainda nem sabem que Jesus passou por este mundo. Se sabem, não entenderam.

Oremos para entendermos essas coisas.

A moda que enlouquece

O metro de pano custou 90 reais. O vestido no atelier custou 180. Nas lojas saiu por 600. A compradora compulsiva o comprou. Perguntei à vendedora o porquê de um vestido sair tão caro. E ela me disse que, em primeiro lugar, o pano é realmente de altíssimo padrão. Em segundo, há a grife. Em terceiro, a propaganda. Em quarto a pose ou o *status*, porque freguesa rica gosta de comprar coisas raras em butiques. Lá os vestidos não se repetem. Em quinto lugar, disse ela, vem o *marketing* que supervaloriza o produto raro para pessoas raras. Finalmente vem a compradora que não resiste ao *marketing*, ao direito de ser especial usando uma roupa que nenhuma outra usará na sua cidade. Tudo somado, o vestido se torna raridade antes de ser usado.

Ficou claro. Só não ficou justo saber que a cozinheira de uma das clientes dela pega dois ônibus para chegar às sete horas no trabalho, sai às dezessete e chega em casa às vinte horas; trabalha lá há nove anos e ganha exatamente um salário mínimo. A cozinheira precisaria trabalhar um mês e não gastar absolutamente nada para poder comprar aquele vestido.

Argumento da vendedora: "É, mas também a cozinheira não estudou, não casou com alguém que pode e, além disso, não tem necessidade de vestir um traje daquele. Onde ela o usaria?...".

Imaginei a linda morena, filha da cozinheira, usando um vestido de grife. E por que não? Arrancaria suspiros, *exceto de quem não consegue ver beleza numa moça morena... É que a grife, muitas vezes, veste o preconceito. Voltei para casa pensando no poder do marketing.* Como no caso dos produtos, algumas pessoas são de tal maneira supervalorizadas que passam a valer dez vezes mais do que as outras a partir do que vestem.

Mostrar-se na mídia certa ou entrar em evidência pode aumentar o preço do trabalho de alguém. A moda e a mídia convencem. Toda pessoa convencida, na verdade, foi vencida. Alguém a con-venceu! Por isso ela paga aquele preço! Os argumentos do vendedor vence-ram o seu escrúpulo de gastar tanto por três metros de pano!

Concurso de *miss*

Porque era bonita, foi escolhida para um concurso de *miss*. Porque era bonita, venceu o concurso. Tornou-se oficialmente a senhorita mais bela da região, porque havia outras mais bonitas que, contudo, não participaram do concurso. Não foi preciso mais do que ser bonita, vestir-se bem e saber se expressar. Porque era bonita, foi chamada a representar sua cidade nas festas da região. Por ser bonita participou de jogos, inaugurações, recepções; subiu ao palanque com políticos e autoridades, a câmara de vereadores parou meia hora para recebê-la. Tudo em homenagem à graça e à beleza da mulher que ela representava naquele ano. Tinha dezoito anos e era realmente uma bela senhorita.

Mas em poucas semanas entendeu que aquilo passaria. Desfilara com vestidos elegantes, trajes folclóricos, trajes de banho e mostrara seus dotes físicos e seu sorriso por toda a região. Entendeu, porém, que precisava ser mais do que uma moça bonita para construir uma vida serena. Foi quando encontrou, numa viagem, uma amiga de vinte e dois anos, com quem simpatizou.

A moça estudava medicina e mostrava excepcional conhecimento da vida e da política do país. E era também muito bonita. De conversa em conversa, notou que, com apenas quatro anos de diferença, a outra que não fora eleita, nem queria ser a senhorita modelo, estava muito mais por dentro da situação do país.

Começou a ler alguns livros de sociologia e já no mês seguinte, em alguns encontros, pediu a palavra e falou da fome do povo, de câncer de mama e de trabalho infantil. Os organizadores disseram a ela que não deveria falar. Sua missão era sorrir e desfilar. Ela insistiu. Cortaram-lhe a palavra.

Desistiu em novembro. Passou a faixa para outra senhorita. Na carta de renúncia explicou o porquê: "Pensei que poderia usar de minha beleza para dizer o que as mulheres pensam e sentem. Descobri que não foi possível. É apenas um concurso de beleza e eu devia ser apenas uma boneca de vitrine. Fui escolhida apenas por minha aparência. Se é assim, não quero mais estas homenagens".

Perdeu no cheque, mas a cidade agora a olha com admiração. Era ainda mais bonita por dentro do que por fora! Mas esse tipo de concurso ainda não existe! Rainha de beleza não fala!

Outra vez o erotismo
e outra vez a moral sexual

Amigo meu, pastor de uma igreja evangélica, dizia-me: "Nós não temos estes problemas de vocês católicos com relação à Aids. Liberamos a camisinha. Na questão do orgulho *gay* temos muitas restrições e até uma postura exigente e condenatória. Mas entendo o peso da tradição de séculos sobre a Igreja Católica. O momento é de nu frontal e também de desafio frontal. Não vai bastar nossas igrejas mudarem o discurso. Temos que remar contra a corrente onde for preciso e abrir as portas onde acharmos que é possível".

É claro que era sua opinião, assim como também ele apoia o aborto em caso de extrema pobreza... Foi dito isso na sua igreja. De fato, as igrejas cristãs adotam posturas leves ou fortemente diferenciadas com relação à sexualidade, à vida, ao matrimônio e à enfermidade. Uma delas, segundo notícia de meados de junho de 2008, até aceitou que um bispo, tendo abandonado a esposa e a família, se casasse com um parceiro *gay*. Paulo condenava tal procedimento com veemência, segundo se depreende de Rm 1,18-32.

Na questão da Aids entra fortemente a questão da vida e da morte; na questão do homossexualismo, a questão do afeto. Em algumas questões somos todos radicais. O problema é maior do que apenas aprovar ou não aprovar o sexo. A grande questão é "com quem" e "em que circunstâncias". Existe hoje uma radicalização que incide no político, no social e no ideológico.

Enquanto as igrejas insistem no sexo bem-comportado, nunca com alguém do mesmo sexo e sempre dentro do compromisso de amor e de fé, vozes influentes da sociedade hoje relativizam tais exigências acentuando o companheirismo, o afeto e a liberdade de escolha. Os valores não são iguais. Nem mesmo quando entra o risco da Aids e da morte que ela, por enquanto, costuma apressar.

Tem sido e será um diálogo difícil porque as premissas não são as mesmas. A Igreja relativiza o direito ao prazer e o submete a determinadas exigências da comunidade, do grupo familiar e da educação dos filhos, enquanto o mundo mergulha muito mais sobre os indivíduos e seu direito à realização pessoal, que inclui liberdade sexual, se necessário o aborto e, se pintar o sentimento, a união entre os do mesmo sexo.

Não será nunca um discurso fácil. Tende a radicalizar-se. É o que está acontecendo. Estamos vendo a ponta de um *iceberg*. As igrejas cristãs pagarão um alto preço por suas convicções, mesmo que cedam nisso ou naquilo. São muitas questões dentro de uma.

Sexo e altruísmo

Enganam-se os que pensam que a Igreja Católica é contra o sexo e contra o seu uso. Ela até considera sacramento/sinal do céu a entrega mútua de corpo e de alma entre homem e mulher, livres e capazes de se amarem. Ela vê isso como sinal do amor de Deus pela humanidade. Portanto, uma Igreja que considera o casamento um sacramento jamais poderia ser contra o sexo. O que a Igreja condena é o egoísmo que às vezes acontece nas relações sexuais, onde ele desfruta dela sem nenhum amor maior, e ela não tem nenhuma consideração pela pessoa dele. Mas, quando os dois se consideram, se admiram e se respeitam e pretendem passar uma vida em função um do outro, a Igreja abençoa e chama isso de "Sinal do Reino".

Enganam-se os que pensam que não existe espiritualidade no sexo. É claro que existe. A entrega de si mesmo, quando ela é feita dentro do respeito e do carinho, torna-se, mais que uma entrega carnal, um encontro espiritual. Existe oração no homem que se encanta com sua mulher e na mulher que se encanta com seu homem. Existe santidade naquele prazer dos dois em função do lar que criaram e das necessidades de um ser humano feminino e de um ser humano masculino. Está longe de ser um ato animal. É um ato humano, destinado não apenas a procriar, mas também a criar laços de ternura e de amor.

Quando o sexo é consequência dos laços de ternura, ele se torna cada dia mais bonito. Quando não tem ternura nem respeito, tor-na-se cada dia mais compulsivo e machuca sempre mais.

Para a Igreja, fica muito claro que a pregação de sexo do mundo quase sempre parte do egoísmo e acaba no egoísmo. A pregação de sexo da religião séria parte do altruísmo e conclui-se no altruísmo.

Dizia-me um casal: "Gostamos muito do físico um do outro. Afinal, é um dos presentes que vieram com o casamento. Mas gostamos muito mais do jeito de ser um do outro. Não vivo sem o olhar, o sorriso, o carinho, as atenções e a paciência dessa mulher". E ela: "Não vivo sem o carinho, a proteção, as palavras e a presença desse homem. Eu casei com o conteúdo: a casca e o invólucro vieram de presente. Não vivemos em função da relação sexual, e, sim, das muitíssimas outras relações matrimoniais que dão sentido à relação sexual, quando ela acontece. O que nos une são nossas relações e não apenas aquela relação, que também é importante, mas não é tudo na nossa vida. Estamos casados por causa das nossas muitas relações matrimoniais e não apenas por causa das eventuais relações sexuais".

Quem acha que tudo é sexo no casamento, ainda não descobriu nem o casamento nem a vida.

Sexo tem leis

Quando você decide sair por aí com seu carro, tem que tirar licença e, ao tirá-la, se compromete a obedecer às leis de trânsito. É o mínimo que se exige para as pessoas não saírem por aí se machucando, ou machucando as pessoas com seu carro.

Ninguém dirige o carro como quer e onde quer. Quando você decide que é hora de realizar os seus desejos de homem ou de mulher, sua Igreja lhe diz para não fazer com qualquer pessoa. Sugere que procure alguém para com esta pessoa se realizar, nos sonhos, no prazer, nos carinhos, no trabalho, na vida.

É o mínimo que exige para que o cristão não saia por aí se machucando ou machucando outras pessoas. A Igreja diz que sexo é ternura. E estabelece algumas normas para que uma união possa ser considerada cristã. Ela crê que Jesus hoje pediria isso de um cristão católico:

1ª   Que sexo seja fruto de amor sincero por outra pessoa e doação mais do que posse.

2ª   Que seja entre pessoas livres e maduras, sem outros compromissos amorosos, para que as outras pessoas não sejam feridas.

3ª   Que não cause escândalo ou mal-estar na comunidade que tem seus costumes e leis.

4ª   Que seja casto e puro, isto é, não é um vale-tudo, desde que entre quatro paredes. A Igreja sabe dos sofrimentos de quem achou que valia todos os tipos de ato sexual na juventude. Dirige bem seu carro não quem tira o que pode da máquina, e, sim, quem sabe dos seus limites, da estrada e dos limites dos outros.

5ª   Sem ternura não se deve fazer sexo. Vai ser um ato egoísta.

6ª   Respeitem-se os sentimentos da pessoa amada, das famílias e, onde houver crianças, os limites delas. Que seja sempre sereno, reservado, discreto. Nem todas as pessoas estão preparadas para testemunhar atos de carinho das outras.

7ª   Que não se venda, nem alugue, nem se compre ato sexual. Não prostitua o que é um dom.

8ª   Que os namorados esperem o grande encontro; se não conseguirem, não exijam da Igreja que concorde com sua fome e seus desejos. Saibam que o projeto da Igreja é que o sexo seja exercido dentro do matrimônio.

9ª   Que se veja a sexualidade como um baú maravilhoso e o sexo como um dom complexo, mas bonito e santo, onde o outro é sempre respeitado, mesmo quando desejado. Os sentimentos dos dois precisam ser respeitados. Se aparecer imposição, a relação começa a deteriorar-se.

10ª   Que o sexo seja criador. Ser criador não é necessariamente ter filhos, e, sim, não excluir esta hipótese. Quem se casa decidindo que, mesmo podendo, não vai ter filhos está se negando um dos principais motivos do sexo: gerar outros seres humanos. Para a Igreja, não basta o casal dizer que se casou para terem um ao outro. Só em caso de impossibilidade de gerar, os dois precisam refletir junto às lideranças da Igreja para ver como viver este sacramento. Cada caso é um caso.

11ª   Não se "tem" que gerar filhos, mas não se pode desprezar este valor. Se a Igreja só abençoasse quem pode gerar filhos, não faria o casamento de dois anciãos. *Se faz é porque ela considera matrimônio e sinal do céu também o encontro sem possibilidade de filhos.* Mas no caso de jovens é diferente. Ela pede que se veja o sexo como prazer, mas também como dever e compromisso. Ele vai gerar trabalho duro quando vierem os filhos.

12ª De alguns cristãos a Igreja pede, se eles acharem que podem, que se guardem sem o exercício do sexo, no celibato, a serviço do povo. É uma escolha.

Hoje em dia, o celibato está ligado ao sacerdócio no rito latino. Em algumas regiões do mundo vigora a permissão de sacerdotes casados. Por circunstâncias históricas passou-se a exigir no Ocidente o celibato para quem quer ser sacerdote católico. Não é dogma. Um papa pode propor mudança. Além disso há outros cristãos não sacerdotes que, por profissão de fé, renunciam a esse direito, para viver mais a serviço do povo.

Não se trata de estado de vida melhor ou pior, superior ou inferior. Trata-se de maneiras de viver o amor na Igreja. Para muitos católicos, sexo continua sendo tabu ou bandeira. Uns não admitem conversar sobre o assunto. Outros decidem como vivê-lo e não dão a menor importância ao que dizem os padres e os bispos, por considerá-los incompetentes na matéria, já que não são casados.

E há os que abertamente atacam sua própria Igreja porque ela é rígida na questão do uso da sexualidade, do casamento e do aborto.

Finalmente há os que ouvem, ponderam e decidem com respeito e serenidade, sabendo que sua Igreja não está brincando com um assunto que já fez bilhões de pessoas felizes ou infelizes, nestes vinte séculos de cristianismo.

A dor do amor e da paz são como a dor da flor; mesmo com haste e pétalas feridas, a flor continua a ser bonita e perfumada.

Você ama sua esposa como ama o seu partido?

Um dia você descobre que sua esposa está cada dia mais madura e fiel. Impossível deixar aqueles braços. Outro dia, você descobre que seu partido não é como sua esposa. Ele traiu você. Não é o mesmo partido no qual você militava. Alguém se apossou dele e seu partido está infiel aos seus sonhos de animal político.

Vai fazer o quê? Vai defender seu partido aconteça o que acontecer, vai ser fiel ao partido que foi infiel a você e ao país? Vai se consolar dizendo que os outros partidos também são infiéis? Você já sabe que nunca deixaria sua esposa. Sem ela você não seria quem é. Mas e o partido?

Acha que ele tem conserto? Vai morrer amando seu partido, mesmo sabendo que ele se conspurcou? Ou terá a coragem de fazer outra opção política, já que deixar a política você jamais deixaria! Então? Vai fazer o quê?

O prefixo "ex"

A mídia tem dificuldade enorme com relação à palavra "ex". Ex-mulher, ex-marido, ex-amante, ex-presidente, ex-ministro, ex-padre, ex-pastor... Alguns contornam usando a expressão: "que foi cônjuge do fulano", "que foi ministro", "que atuou como sacerdote", "que viveu com fulano". É que, no fundo, as relações humanas deveriam durar mais do que duram. A palavra "ex" muitas vezes mais fere do que qualifica.

Grande número de líderes políticos está no segundo ou no terceiro casamento. Foi a política que os distanciou do lar ou foi o amor pela política que os fez escolher uma nova parceira? Em muitos países, até reis e príncipes optaram por novos casamentos. A história de reis e políticos que romperam com sua Igreja por causa do sexo e do casamento não é rara. Henrique VIII é apenas um exemplo de como a moral sexual e os interesses políticos nem sempre se coadunam. Como políticos e governantes estão acima dos sacerdotes e como profetas e reis nem sempre se entendem na questão de família e geração de filhos, a religião costuma entrar em choque com líderes políticos que adotam outra moral.

Nosso tempo tem assistido a esta luta pró-aborto, pró-divórcio e pró-abertura sexual. E não faltam igrejas cristãs que avançaram o sinal aceito pelas demais: houve bispos, pastores e padres que se casaram com homens. Houve punições em muitos casos. Em outros, os religiosos que as desafiaram, mudaram de Igreja ou deixaram a fé cristã. Sinal dos tempos.

Romperam com a fé cristã

Políticos, reis e imperadores, presidentes e ditadores mandaram em nações e impérios, mas muitíssimos não mandaram no seu próprio instinto. A urgência por sexo, por um amor, por outra mulher ou por um filho mandou neles.

Já faz tempo que os mandatários de um povo deixaram de escandalizar. João Batista bateu de frente com o rei Herodes Antipas, que roubou a mulher do seu irmão Filipe. João foi degolado por isso. Mas quem tem esposa oficial e mantém uma amante sabe que os adversários saberão o que fazer na época das eleições, exceto quando o mandatário manda na imprensa e nos juízes.

A severidade dos católicos...

Católicos que buscam o ministério sacerdotal e o matrimônio são avisados de antemão que dificilmente haverá retorno. A Igreja Católica é severa quanto aos seus sacramentos. Por isso, o sacerdote que deixa a vida celibatária e se casa não pode mais ser ministro nem participar de alguns sacramentos. Por isso, o casal que jura diante do altar e um dia se separa, a parte inocente pode continuar participando dos sacramentos, mas não pode casar de novo.

E a parte culpada não pode participar da Eucaristia, caso se case de novo; ou mesmo sem se casar de novo, se não assumir o cuidado dos filhos do matrimônio em crise. Se houver ódio, haverá punição. Se incitar os filhos contra o cônjuge, haverá punição e proibições. Segundas uniões têm sido aceitas, após aconselhamento, mas sem Eucaristia. Não há segundo sacramento do matrimônio. Casar de novo na igreja, só depois da morte do outro.

Abandonada aos 32 anos

Ela era uma das cinco mulheres mais bonitas da cidade. Casada há dez anos, tinha tudo para ser feliz. Mas ele gostou de outra, como o príncipe Charles gostou de outra plebeia de pouca beleza. O que acham que ela fez? Continuou linda e serena. Deus cuidaria dela. Aceitou as normas da sua igreja. No caso dela deu certo, porque três anos depois ele morreu num acidente e ela encontrou um homem sereno e solteiro. Em outros casos a necessidade foi mais forte. Mulheres abandonadas pelo marido mudaram de igreja quando encontraram um novo amor e não lhes foi possível casar na Igreja Católica, porque ele também vinha de outros amores. Entre ter um novo amor, um novo leito e a pia batismal, preferem outro batismo. Não é fácil resolver estes dilemas. Não julguemos. Não julguemos! Uma coisa é a lei e outra é o sofrimento da pessoa que não aceita a solidão de um amor proibido.

Sexo sem amor
como moeda de troca

Aconteceu sempre e sempre acontecerá. Sexo é boa moeda de troca entre mandatários de povos e países e mulheres mais jovens ou interessantes. Alguns países têm governantes e políticos que honram a família e jamais trazem outra mulher para seus países ou casas. São fiéis ao seu povo e a suas esposas.

O que tem acontecido em todos os continentes, com escândalos atingindo realezas, palácios, câmaras, senado, ex-presidentes, mostra que sexo e poder andam juntos e que as mulheres têm como reagir quando feridas nos seus direitos ou nas suas ambições. A mágoa costuma subir degraus do mesmo trono e arruinar brilhantes carreiras políticas. Releia seus livros de História. Muitos tronos caíram por causa de um leito!

Entregas erradas

Casamento mal entregue

Alguns casamentos foram entregas erradas. O parceiro pediu alguém capaz e a pessoa gostava, mas não amava, e não correspondia. O endereço era certo, mas o produto veio com tantos defeitos que, não fosse o desejo de corrigir o parceiro incapaz, em menos de um ano o parceiro insatisfeito o teria devolvido.

Não trabalha, não busca trabalho, não se atualiza, não é gentil, bebe mais do que devia, não ajuda a educar os filhos. Parece menino que a mãe precisa levar por todos os cantos, porque tem alguma grave síndrome.

Filho se aceita e se ama. Parceiro sem iniciativa martiriza. Vai precisar de muito perdão e muita espiritualidade. Ele ou ela não entende o quanto pesa naquele casamento.

Quando amar
é quase impossível

Depois de sete meses de casamento, os dois se separaram. Veredito dos pais e das mães de ambos: "Não eram casáveis. Erramos ao aceitar esta união! Eram incompatíveis".

Tradução: "Não estavam prontos para sofrer juntos as dores do amor".

Se amar fosse fácil, não haveria tanta gente amando mal. Nem tanta gente mal-amada. Se amar fosse fácil, não haveria tanta fome, nem tantas guerras, nem gente sem sobrenome.

Se amar fosse fácil, não haveria crianças na rua sem ter ninguém, nem haveria orfanatos, porque as famílias serenas adotariam mais filhos. Nem filhos mal concebidos, nem esposas mal-amadas, nem prostitutas. E nunca ninguém negaria o que jurou num altar, nem haveria divórcio nem separação, jamais.

Se amar fosse tão fácil, não haveria assaltantes e as mulheres gestantes não tirariam seu feto, nem haveria assassinos, nem preços exorbitantes, nem os que ganham demais, nem os que ganham de menos.

Se amar fosse tão fácil, nem soldados haveria, pois ninguém agrediria, no máximo ajudaria no combate ao cão feroz.

Mas o amor é sentimento que depende de um "eu quero", seguido de um "eu espero". Mas a vontade é rebelde e o egoísta maximiza o seu "eu"; por isso, o amor é difícil.

Jesus Cristo não brincava quando ensinou este mandamento e nos "mandou" amar. Em outras palavras: não temos outra escolha, se quisermos nos realizar como pessoa. E, quando morreu amando, deu a suprema lição.

Não se ama por ser fácil, ama-se porque é preciso!

– O que é amar uma coisa?

– O que é amar uma pessoa?

– Há alguma diferença?

– Ele ama o cão dele mais que a mulher e os filhos?

– Analise esta afirmação. Será mesmo que alguém faria isso? (Texto do livro *Adolescentes em busca de si mesmos*. Pe. Zezinho scj.)

Amar para além do corpo

A pessoa, que é mais do que apenas um corpo, sente. O corpo registra. Toda pessoa bem casada sabe que o amor, se verdadeiro, transcende ao corpo. O outro entra de cheio na relação e passa a ter *status* privilegiado. Tanto isso é verdade que, quando o outro cai do pedestal, é porque o amor diminuiu. O sentimento pode até continuar, mas o diálogo arrefece por quebra de admiração, de desejo e de confiança.

No começo, as pessoas se encantam e se enfatuam com o olhar, a pele, as medidas, com a sensualidade de um corpo que desperta desejos. Faz parte da busca de acasalamento. Somos animais. Mas não deixa de ser isca, para se fisgar algo ou alguém maior do que aquele corpo. Os atrativos do corpo existem em função do atrativo da alma. Estes precisam ser descobertos, porque não podem ser vistos. O corpo se exibe, mas não fala. A alma se esconde, mas dá sinais.

À medida que transcorre o tempo, as relações se aprofundam, as responsabilidades se conjugam. Os atrativos da alma vão aparecendo e quem ama, com o tempo, mostra-se cada dia mais encantado com a alma do outro ou da outra; mais do que com o corpo que passa a sofrer mudanças. Ela já não é mais aquele corpinho com tudo certo, no lugar certo. Mas o amor chegou e cresceu e já não mede a pessoa apenas por seus contornos. Houve o mergulho de pessoa na pessoa. Estão vendo hoje o que não viram quando seus olhos se cruzaram nas primeiras vezes.

Não é que ele despreze a beleza do corpo da sua amada e ela o do seu amado. É que os dois conhecem beleza ainda maior: a do sentimento, da cumplicidade, da gratidão, do interior que agora conhecem muito mais do que no tempo de namoro. A força de juntar seus corpos para a festa do prazer conjugal responsável acaba juntando suas almas para outra festa, também essa de prazer responsável. Descobrem a pertença: ele não mais se imagina sem ela, ela não se vê sem ele. Melhor: ele não se imagina sem ser dela e ela não se imagina sem ser dele. É nessa beleza do matrimônio verdadeiramente vivido, entre sacrifícios e renúncias, que se situa a cumplicidade espiritual. É claro que o corpo tem suas graças e belezas, por mais quilos que tenham acrescentado ao seu contorno. Mas a alma tem muito mais beleza.

Quando ambos não descobrem a graça interior um do outro, ou porque são cegos para o espírito ou porque imediatistas demais, o casamento está em perigo. Em alguns casos deixou de ser casamento. Quem não vê beleza interior no outro, ainda não descobriu o amor. Registrem essas reflexões para os casais em crise. Talvez os dois não se tenham olhado mais intimamente. Depois de tantos anos, talvez ainda continuem superficiais. Casamento sem profundidade é casamento de alto risco.

Amor costuma doer

Amor é prazer, é alegria, é realização, mas não há amor sem dor. Pergunte aos pais, aos irmãos, aos avós, a quem já amou e ama muito. É que nem sempre a pessoa amada corresponde. Há os ingratos. Filhos e filhas que escolhem a marginalidade, a droga, ou amores enlouquecidos e sem limites que causam muita dor nos pais, mas eles ainda os amam. O mesmo acontece com o cônjuge acomodado ou infiel. Amar nem sempre é prazer e alegria.

Amor sem caridade

Foi o caso daquele casal que dizia ter amor, mas não tinha caridade. Ela só se dava quando queria e ele só fazia carinho quando estivesse a fim. A necessidade dela não contava quando ele não queria sexo. A necessidade dele não contava se ela não queria ato sexual. Vez por outra acontece num relacionamento conjugal.

Ninguém é um autômato ou uma máquina. Mas sexo também foi pensado para complemento indispensável de homem e mulher, da mesma forma como os pais devem alimentar os filhos e até levá-los a comer, mesmo que não queiram. E se os filhos pedem alimento, alimentá-los é obrigação dos pais. Sexo é alimento para o amor. Quem nega constantemente estes afetos, peca contra a caridade, porque o sexo também é caridade. Há casais que não pensam desta forma. Correm o risco de inanição espiritual.

Amores entregues
e amores roubados

Se um homem deseja ficar rico depressa, porque gosta desesperadamente de dinheiro e do conforto da riqueza, é melhor que se controle e não roube nenhuma pessoa, nem seu país, porque mais cedo ou mais tarde será prisioneiro do que roubou.

Se um homem deseja ardentemente uma mulher, mas não quer se comprometer com ela por toda a vida, é melhor que controle seus instintos com relação a ela, porque mais cedo ou mais tarde será prisioneiro do que lhe roubou; a menos que tenha sido amor sincero dos dois, ambos maduros, e ela tenha consentido naquela entrega. Há amores sinceros e há falsos amores. Um é entrega consciente, o outro é um roubo.

Amores não satisfeitos

Ou ela ou ele diz que às vezes seu cônjuge não o satisfaz. Mas a sexualidade não é feita de cem por cento. Não há afeto que sempre satisfaça, nem sexo, nem comida, nem bebida, nem espiritualidade, nem amor que satisfaça plenamente. Santo Agostinho, que era um pensador inquieto, cunhou esta reflexão ao dizer que ele continuaria inquieto até que repousasse em Deus. Somos limitados. Por isso, as pessoas repetem comida, bebida, abraços, beijos e momentos íntimos. Por isso, as crianças pedem mais. Saber disso é caminho de sabedoria. Nem sempre a esposa pode dar tudo o que o marido quer. E vice-versa. Felizes os que podem dizer que estão satisfeitos com o amor que recebem. Plenitude, só no céu!

O rapaz que odiava mulher gorda

Foi o que ele disse, ao terminar com a namorada. Corpo de *miss*, vinte e três anos, professora de colégio, olhos de jabuticaba, bonita que só ela. Mas a mãe pesava 120 quilos e a irmã, 95. A conclusão foi que ela um dia seria tão "gorda" como a mãe. Não quis apostar nisso. A irmã fez regime e baixou para 60 quilos. A mãe não conseguiu. Mas era feliz com o corpo de mãe poderosa.

O rapaz casou-se com uma moça elegante, com mãe e duas amigas também esbeltas. Nove anos depois, as três tinham aumentado de corpo. E a esposa subira para 90 quilos. A namorada rejeitada? Casou-se com outro. Continua com o corpo de *miss*. Encontraram-se numa festa de colégio. Não foi preciso dizer nada. Ele queria o invólucro da outra e ganhou. Só que o invólucro da outra era elástico. A da namorada rejeitada não era!

Dor de amor
que dói nos filhos

Nem sempre o casal sabe o que fazer. Viver juntos não é mais possível. Ficar longe dos filhos também é um martírio. Mas amor que machuca e estraçalha a alma não dá mais para suportar. É o que os bispos, padres, rabinos, pastores, advogados e juízes sabem. Aí faz sentido o aconselhamento.

Se dói no casal, imaginem o que dói nos filhos! Em muitos casos, os filhos compreendem. Mas nem sempre. E quando não compreendem, a dor é maior nos filhos do que no casal.

Doar-se totalmente

Dores e Juliano, aos trinta e cinco e trinta e sete anos, respectivamente, decidiram duas coisas.

A primeira: doar seus órgãos em favor de seus filhos ou da família, se um deles precisar. Entenderam serenamente que o amor que têm pelos filhos e pela família é incondicional. Em primeiro lugar vêm as crianças e os adolescentes. Outra decisão que tomaram é que já estão depositando mensalmente uma pequena quantia de pecúlio para os filhos, para que, em menos de vinte anos, assim esperam, eles tenham um pequeno suporte, caso escolham algum curso mais exigente.

No movimento católico ao qual pertencem é uma decisão de vários dos membros. É um jeito antecipado de amar!

3

Capazes ou incapazes de amar?

Incapazes de perdoar

Não sei se você pensa o mesmo que eu. Existem pessoas para quem perdoar é muito difícil. Umas, porque se sentem pequenos deuses, outras, porque a ferida ainda não virou cicatriz. Dói muito e elas se lembram de quem a fez.

São pessoas literalmente incapazes de perdoar. Existe alguma coisa dentro delas – talvez por influência do passado, pelos sofrimentos e bloqueios de infância, por terem sido muito magoadas e agora não se permitem perder mais – que faz com que entendam que perdoar é perder. Se perdoassem, perderiam. Por isso, não perdoam.

Quando medem a extensão da ofensa – às vezes até pequena – e as consequências que lhes podem advir se deixarem a ofensa passar, olham para si e não admitem ser menos que o ofensor.

Então, seu coração planeja retrucar e revidar. Acham que, se não retrucar, seu coração ficará "inferiorizado". Ninguém pode pisar nelas, ninguém pode achar que é mais do que elas, ninguém pode achar que leva vantagem sobre elas, ninguém pode fazer um desaforo contra elas e sair ileso.

Não revidam na hora, mas depois dão o troco. O outro precisa saber que não pode fazer aquilo que fez. Não vai fazer aquilo nunca mais, porque vão dar o troco.

Perdoar, nem pensar! Não cabe na sua cabeça a ideia do perdão, porque perdoar, no conceito delas, é perder. E elas não podem perder.

Esse era um conceito que, inclusive, permeava algumas religiões, e ainda permeia; "não podemos perder", "nós somos os filhos prediletos", "já perdemos demais", "temos que vencer", "nós somos vencedores".

Quando Jesus apareceu com sua mensagem de perdão e de misericórdia, de fazer bem ao inimigo e orar pelos que nos perseguem e caluniam, foi um rebuliço. As pessoas não entendiam isso. Jesus foi mais longe e acentuou que era aquilo mesmo: a sua doutrina era de perdoar, inclusive o inimigo.

Por isso, o perdão é uma das características da religião cristã. Porque perdoar não é perder. As pessoas confundem o verbo perdoar com o verbo perder, mas não é a mesma coisa. As mães perdoam e nem por isso perdem; os pais perdoam e nem por isso perdem. Aliás, quem nunca perdoa é quem perde. Deus perdoa e nem por isso perde. Quem perdoa ganha, porque acumula brasa na cabeça do outro que o ofendeu.

Jesus retrucou e devolveu com o bem em lugar do mal e disse que era para fazer isso mesmo, porque a vingança compete a Deus. Nenhuma pessoa deve se vingar. Perdoar é a vocação de todo aquele que quiser segui-lo.

Por isso, é muito bom que as pessoas parem, pensem e repensem.

Se você é capaz de perdão, você é cristão. Se você não é capaz de perdão, você ainda não entendeu Jesus.

Incapaz de orar

Há pessoas para quem orar é uma segunda natureza. Conjugam o verbo orar com o verbo amar. Sentem necessidade de falar com o Criador e dialogar com Deus e demonstrar o seu amor por ele. Precisam desse encontro com a divindade e com o sobrenatural; precisam falar com o céu e falam com a maior naturalidade, porque acreditam que o céu as ouve.

Afirmam e apostam que lá no céu está o Criador e que ele é Pai. Acreditam num Deus acolhedor, paterno, que se importa. Acreditam também que muitas pessoas já foram para o céu. Por isso, conversam com essas pessoas que estão em Deus.

Para elas, o trânsito entre a terra e o céu é sereno e tranquilo. Na sua cabeça e também no seu coração, estão convencidas de que Deus ama, ouve, interessa-se, importa-se. Acreditam também que, quem está com Deus, ama, ouve, interessa-se pelos daqui da terra.

Não é a mesma coisa para aqueles que não têm o hábito de rezar e para quem orar é difícil. Não é que eles não queiram ou não acreditem. Eles acreditam! Apenas não acreditam o suficiente para a toda hora estar conversando com Deus. Por vezes acreditam, mas não amam o suficiente para poder se comunicar com Deus. Orar é primeiro uma questão de amar: mais do que questão de crer. Você pode crer e não querer comunicar-se. Mas, quando ama, você quer se comunicar.

É por isso que namorados, pais, filhos e amigos se procuram, escrevem cartas, sentem saudade, passam telegramas, gastam até o que não podem com telefone, mandam e-mails; querem se comunicar. Quando é possível, vão visitar, chamam: "Vem cá! Estou com saudade, me dê um beijo!". "Oi, filhão, faz dois meses que não te vejo. O que é que aconteceu, filho?"

É assim! Quem ama quer ouvir e se comunicar. À medida que o amor vai acabando, as pessoas não querem se ver ou telefonam menos, acham o outro chato e querem ficar longe. O sentimento estremeceu. Não há o que conversar. Estando bem, querem se ver. Quanto mais se amam, mais querem se ver. Quanto mais se desejam, mais querem se encontrar e orar, falar, pedir, dar, estar juntos!

No plano espiritual é semelhante. Se você de fato crê em Deus e, além de crer, ama, então você terá vontade de falar com ele; terá vontade de abrir o seu coração, não só a seu respeito, mas também a respeito dos outros.

Para algumas pessoas orar é fácil, porque são capazes de muitas outras virtudes; são capazes de amar, elogiar, ouvir, pensar e perdoar. Por isso, também são capazes de orar.

Nem todo mundo descobriu a oração como doação. É por isso que devemos de vez em quando abrir o nosso coração para Deus e dizer o que nos vai na alma. Mesmo que a gente diga com dor e até brigando com Deus – como Jacó que brigou a noite inteira com um anjo de Deus. Foi uma comunicação e tanto! Moisés discutia com Deus, mas o amava. Pedro discutia com Jesus, mas era amigo. Tinham o que conversar! Amigos sempre têm!

Amar não quer dizer concordar com tudo. Quer dizer abrir o coração. Às vezes dois amigos discordam, mas continuam amigos de verdade.

"Você me fala umas verdades doídas, mas, sem você, o que seria de mim?" Amigo faz essas coisas. Deus também, diz verdades que nos sacodem, e nós também devemos dizer a ele as verdades doídas que estão lá dentro de nós. Falemos com Deus. Quem não é capaz disso, peça essa graça, porque orar é uma graça.

Nem todo mundo a descobriu. É sempre gratificante saber que alguém quer um autógrafo e um dedinho de prosa com o criador de Brasília, ou com o autor de algum livro notável. Você não gostaria dessa chance? Então, por que será que a gente não sente a mesma vontade de pedir um autógrafo e um dedinho de prosa com aquele que nos criou?

Incapazes de viver juntos

Há um tipo de cidadão muito autoafirmativo que não consegue conviver com ninguém. Ou as coisas são do jeito dele ou não contem com ele. O segundo lugar não lhe serve. E ele nem disfarça. Nasceu para ser "líder" e é "vencedor" desde o primeiro vagido. Assim ele pensa! Assim age no colégio, no clube, na política e na religião, no namoro, no casamento e no divórcio. Ser semideus não lhe serve. Como não crê em Deus, ele fala como se fosse não o filho de Deus, mas o pai de todos os deuses de um Olimpo que ele mesmo criou.

Ele não trai ninguém porque não se compromete com ninguém. Os incomodados que se mudem do planeta! Ele nunca se proclama deus, mas age como se fosse. Se um dia ele constatar que Deus é uno e trino, fará de tudo para ser o primeiro, e depois da morte talvez chegue ao céu com um recado: "Agora, reino eu. Chegou quem estava faltando no céu".

O sujeito incapaz de conviver é um ridículo. Diz tolices uma em cima da outra e é seguido por milhares de seguidores encantados com sua liderança. Antes dele, ninguém, no tempo dele, ninguém e, depois dele, ninguém. É um débil mental, mas é tão influente que as pessoas menos críticas precisam desesperadamente dessa grande autoafirmação. Não saberiam viver sem este gritalhão. Hitler foi um deles. Mas houve e há outros títeres – eu não disse líderes, disse títeres –, que a história registra, que passeavam entre a sua loucura e seu desespero por mandar no universo e nas galáxias.

Incapazes de amar

São incapazes de dizer uma palavra bonita, incapazes de acolher, de perder tempo com alguém, incapazes de pedir perdão e de preocupar-se com a dor dos outros.

Alguma coisa, vinda da infância ou de certo momento da juventude, os colocou na defensiva e eles sentem que o mundo lhes deve alguma coisa – o mundo e as galáxias! Eles, porém, não devem nada a ninguém.

Por isso posam de "reis" e "rainhas" ofendidos, que não precisam fazer nada por ninguém, a não ser quando têm interesse de ganhar e lucrar alguma coisa. Do contrário, não fazem. Mas as pessoas têm que fazer por eles e por elas, porque o mundo lhes deve alguma coisa. Não conta o mal que fizeram. Conta apenas o mal que alguém lhes fez.

A pessoa incapaz de amar é incapaz de se colocar na pele do outro, incapaz de gestos grandiosos, incapaz de gestos de ternura, a não ser quando leva vantagem. Não existe altruísmo. O outro não é importante na sua vida. Esquecem ou minimizam os presentes que receberam. Não agradecem.

Será que existe gente assim egoísta? Infelizmente as notícias de filhos que matam os pais e de amigos que matam para ficar com o dinheiro do outro mostram que tais pessoas existem. Aqueles que matam, passam droga, andam armados e por qualquer coisa atiram; aqueles que por qualquer coisa jogam pedra nos outros; aqueles que não hesitam em caluniar ou sustentar uma calúnia, nem em derrubar os outros; que não podem ver ninguém feliz nem sendo elogiado e acrescentam um "mas, porém, todavia, contudo"; estes, em geral, têm dificuldade de amar.

É um problema muito sério a incapacidade de amar. Não é que não queiram amar. Eles querem, só que não conseguem. Outros não querem, não conseguem e não fazem o menor esforço. Está bom assim. Querem ser temidos. As gangues agem desse modo.

O escorpião que se vê cercado pelo fogo, pica-se, diz o povo. O fato é que existem pessoas que se ferram. Daí a expressão ferrar--se. Todo aquele que não consegue amar precisa de ajuda. A ajuda existe no campo da medicina, onde pessoas especializadas em comportamento humano ajudam a estabelecer confrontos, diálogos, paradigmas, convivência. Enfim, ensinam a pessoa a conviver. No campo da religião existem as igrejas que mostram a importância do outro como filho de Deus e a importância de uma fé, para que a gente descubra que ninguém é Robson Crusoé, perdido numa ilha da vida.

Amar é uma graça. Quem não consegue amar deve pedir essa graça. Das enfermidades da vida, certamente, a pior é a da infelicidade. Das enfermidades que provocam a infelicidade, a pior é não saber amar. Não julguemos quem não sabe amar. Muitas vezes quem o julga também não sabe!

Incapaz de sentir junto

Sentir junto sugere muita coisa. Sugere, em primeiro lugar, a palavra *com*. Daí vem *com-paixão, com-miseração, co-lega, com--padre, co-madre, com-igo, com-unidade, com-unhão*. Há sempre a palavra *com* na frente.

Pois é, existe gente que não é capaz disso! E não é capaz por uma série de sofrimentos. Não aprenderam – em casa, na escola, no bairro – a ver o valor do outro e a ver a vida, ao menos por alguns minutos, pelo lado do outro. Não conseguem fazer amizades e, quando fazem, agarram-se só àquele amigo, enchem a paciência desse amigo, porque não são capazes de fazer amizade com mais ninguém. São pessoas problemáticas, porque não admitem que o outro possa ter bons sentimentos, que o outro possa sentir dor. Então, pisam, ofendem, magoam, vingam-se, porque não são capazes de sentir. Vale o que eles sentem, só aceitam o que eles querem. Nenhuma renúncia. Os outros que se adaptem às suas necessidades. Estão no mundo para amar uma só pessoa. O resto que se ajuste. Escolheram um e rejeitam todos os outros.

Ora, sentir junto é colocar-se, de vez em quando, do lado do outro e ficar olhando a montanha do lado do outro: "o que será que ele vê?", "como será que ele se sente?" "como será que dói para ele...?", "será que o que dói para mim, dói para ele do mesmo jeito?", "será que ele também pensa como eu penso?".

Sentir junto é tentar entender por que o outro é assim, por que age assim, por que sofre, por que chora, por que bebe tanto, por que faz isso e faz aquilo.

A gente procura entender o que levou aquela moça à prostituição, o que levou aquele rapaz a se tornar um michê, o que levou aquele homem a roubar e o que fez esse mendigo viver na rua todo maltrapilho. Quem será que ele era antes?...

Tentar entender a vida do ângulo do outro é sentimento que depois desperta compaixão, comiseração, companhia, companheirismo e, quem sabe, uma comunidade. A graça de sentir com o outro é uma graça profundamente cristã. Jesus veio e está conosco. Nós falamos de imanência, *Emanuel*, do hebraico: "Deus conosco".

Falamos de um Deus que vem aqui estar com a gente, de um Jesus que sentia pena do povo e até antecipava o milagre, sentia dó. De um Jesus que dava um suspiro de dó ao ver uma mãe viúva trazendo o filho único morto; que sentiu pena, chorou sobre o túmulo de Lázaro e sentiu compaixão de Maria, irmã de Lázaro, de Betânia, e de Marta. Jesus sentiu *com* e queria os discípulos com ele: "Não podeis fazer comigo uma vigília de uma hora?". Jesus era um homem sensitivo, sensível, compassivo; sentia com, queria estar com: "Ansiei ardentemente comer esta Páscoa convosco". Jesus gostava da palavra *com*, por isso fundou a primeira comunidade de discípulos, veio estar conosco e disse que estaríamos com ele no céu para sempre, com ele e com o Pai. Usou a palavra *com* magistralmente. E a usou muito bem!

Faz parte da essência do cristianismo a palavra *com*: juntos, juntos, juntos... É assim que se faz Igreja. Por isso as celebrações são para todos, juntos. Por isso orar em público, todos juntos. Por isso os sacramentos com todos juntos. Por isso todas as cerimônias em que se congrega o povo de Deus para juntos louvar o Senhor.

Existe a oração individual e ela é muito importante. Mas a Igreja desaconselha uma pessoa a viver só disso. Não é por aí. Também é um caminho, mas ele passa e bifurca-se no caminho da comunidade. Eu oro sozinho sempre que posso, mas quero orar com meus irmãos. Por isso é que eu vou à missa, ao culto. Não basta ter minha religião pessoal, eu quero partilhar. A partilha faz parte do cristianismo. Somos a religião da palavra repartida, do pão repartido.

Com é uma palavra muito bonita. E existe gente que, infelizmente, é incapaz dessa palavra. Oremos por tais irmãos, para que se sintam capazes de conviver. Viver é relativamente fácil, conviver que é difícil. Mas não há outro jeito de construir uma sociedade mais justa!

Incapazes de pedir perdão

Conheci e conheço muitos deles. São incapazes de se arrepender e, por isso, de pedir perdão. Não é nem mesmo uma questão de não querer se arrepender. Gostariam de se arrepender: "Puxa vida! Ando bebendo e não consigo parar. Admito que estou errado, mas não consigo mudar"; "Sei que é errado, mas não consigo parar".

Existe gente que simplesmente não é capaz de voltar atrás no que faz. Um sentimento que não consegue controlar o faz dizer: "Fiz e não me arrependo. Tudo o que eu faço é certo e, se não deu certo para você, azar. Eu fiz e não me arrependo. Eu sei o que faço".

Isso é da boca para fora. Porque lá dentro daquela cabeça muitas vezes vêm dúvidas e lá dentro daquele coração muitas vezes há um vazio, pelo palavrão que disse e diz contra os pais, pela violência que fez e que faz contra a mulher e os filhos, pela droga que passou e passa, pela morte que traz na consciência, por aquele pecado que ele sabe que fez e que machucou.

Alguma vez pode acontecer conosco. E a gente se pergunta: "Meu Deus, eu machuquei. Por que é que eu fiz? Onde que eu estava com a cabeça?". Alguma vez pode passar no coração de qualquer pessoa normal: "Por que é que eu bati no meu filho? Por que é que eu disse aquilo para minha mãe? Ela não merecia isso! Foi hora de raiva, não devia ter feito isso!". Alguma coisa, um dia, tem que doer na consciência desse homem ou dessa mulher que caluniou, que contou uma história toda deturpada sobre um fato, e agora, a pessoa não tem nem ambiente onde mora. Será que não dói? Alguma hora tem que doer, a não ser que seja um animal.

Se for um ser humano, alguma hora vai doer. E a consciência vai dizer: "Eu não devia ter feito!". Ninguém de nós está livre disso!

É isso que as religiões chamam de arrependimento, contrição, tristeza por ter errado, vontade de não ter errado, desejo de não errar mais, desejo de fazer penitência, assumir a culpa, pedir desculpas e tentar reparar.

Mas isso exige humildade e um coração ao menos em parte humano; um coração capaz de dizer: "Sim, eu fui injusto. Sim, sou um ser humano que pode errar. E eu errei. Não sou superior a ninguém. Não sei onde estava com a cabeça. Meu Deus, eu não quero mais errar!".

O arrependimento só pode acontecer com a pessoa que descobriu a humildade: "Não sou mais do que ninguém. Eu me arrependo. Se arrependimento matasse, eu estaria morto".

Por isso, feliz de você que pode dizer: "Se arrependimento matasse, eu estaria morto. Eu fiz e eu não quero mais fazer. Eu nem sei se palavras resolvem... O que eu posso fazer para reparar esse erro? Você pode me desculpar? Pode me perdoar? Pode me dar uma chance? Eu posso te provar que eu mudei? Não faço mais isso".

Se você é capaz disso, você está verdadeiramente arrependido. Pense nisso duas, três, dez vezes, e Deus certamente vai lhe dar a graça da qual você precisa para nunca mais magoar os outros. Tomara que se lembrem do bem que você também lhes fez. Ameniza!

Amores de sacerdotes

Eram incapazes de amar outra pessoa ou amar a Igreja? Ou amavam a Igreja, mas o celibato não os fez felizes? Haveria outro caminho para eles dentro do sacerdócio? Não quiseram ou não foi possível para eles cumprir sua promessa de viver solteiros por toda a vida?

Nos anos 1970 encontrei um sacerdote, jovem como eu era; eu aos 28 e ele aos 32. Conversamos sobre sua crise. Era estrangeiro, viera trabalhar no Brasil, mas apaixonara-se por uma paroquiana de vinte e três anos. Achei-me jovem demais para dar mais conselhos do que eu sabia. Meus estudos e leituras de psicopedagogia não chegavam a tanto. Encaminhei-o a um sacerdote mais experimentado.

Um ano depois ele voltou a falar comigo. O sacerdote psicólogo mais experimentado também fora morar com uma senhora desquitada. Rimos e choramos juntos. De fato, ele sofria muito por seu afeto, segundo ele, não procurado nem facilitado. O amor pela moça não diminuíra. Prometi que oraria por ele e tudo o que eu soubesse fazer pelos dois eu faria.

Os dois vieram falar comigo. Foi uma conversa muito fraterna. A conclusão foi que ele não tinha mais a vocação para o celibato, embora a tivesse para ser sacerdote, mas a Igreja optara por escolher homens celibatários para o ministério sacerdotal. Foi ao bispo, que encaminhou os dois. Ele voltou para seu país e ela foi morar com ele.

Meses atrás, os dois me visitaram. Eu com 74 anos e ele com 78. A esposa, com 69. Três filhos. Ele conseguiu a dispensa do ministério e pôde casar-se. Continuam católicos e líderes na sua cidade. Acompanharam meus trabalhos e meus escritos que um amigo paroquiano enviava. A opinião dos dois continuava a mesma: ambos não tinham vocação para o celibato; queriam filhos e tiveram. Mas ele continuava com o desejo de ser ministro e sacerdote, mas é assunto das autoridades da nossa Igreja. Aceitavam o fato e seu amor pela Igreja nunca diminuíra.

Penso nos meus colegas sacerdotes – e foram mais de centenas – que conheci e que, se pudessem casar-se e permanecer no ministério, teriam prosseguido. Alguns continuam azedos e irados com a Igreja Católica. Mas, na minha experiência, são poucos. Os outros entenderam que ainda amam a Igreja que os formou, mas suas normas não eram e não são fáceis. Deixaram o ministério por amar uma mulher, mas não deixaram a Igreja nem se rebelaram contra a instituição. Não deu, então, não deu! Estão do outro lado do altar e do púlpito, mas não do outro lado da Igreja. Não cabe a mim julgá-los. Não passei pelo mesmo drama de amar uma pessoa especial como eles amaram. O celibato é um chamado. Para alguns é para toda a vida. No caso deles foi por algum tempo. Nem por isso deixaram de amar a Jesus, o Papa e os seus colegas.

Teria sido uma esposa perfeita

Eu a conheci aos dezessete anos. Fazia parte do grupo de uma paróquia onde eu pregava e dava retiros. Um dia, soube pelos amigos que ela engravidara de um colega de firma. Todo mundo apostou que se casariam, até porque três colegas tinham passado pela mesma situação e se casado. Conselho não faltou, nem dos pais, nem dos colegas, nem do pároco.

Ela queria. Amava crianças e amava o rapaz. Até hoje quem a conhece aposta que foi a mãe do rapaz que influenciou. Não apostava no casamento dos dois. Tanto envenenou o filho que ele procurou a moça dizendo que não queria assumir porque tinha dúvidas de que o filho fosse dele. Foi uma catástrofe. Ela chorou três dias, com o abraço e a solidariedade de todas as amigas e amigos.

Superou o trauma e engravidou com a comunidade e com a família. O menino nasceu bonito e formoso. E ela ficou cada dia mais bonita. Tornou-se excelente mãe, excelente funcionária. O rapaz foi estudar na capital. Nunca mais deu sinal de presença. Aos três anos do menino, um moço que estudara com ela pediu-a em casamento, com o direito de adotar o filho como seu.

Estão casados desde 1985. Celebrei as bodas de prata. Tiveram mais dois filhos. Do pai fujão, dizem que está morando com a velha mãe e nunca mais se casou. Também nunca quis saber do filho. Marido e mulher dizem que, se o filho quisesse, iriam com ele, mas ele não quer nem saber. Já tem pai, mãe e irmãos que o satisfazem. O mais novo disse uma vez que a mãe teria dado uma excelente esposa para qualquer um que se casasse com ela. E outra vez deu os parabéns para o pai! O outro continua fugitivo...

Amar como Jesus amou

Uma canção feita para crianças pode ser muito adulta, dependendo do conteúdo. Em 1974, entre Coimbra e Lisboa, compus uma canção em Portugal depois de uma conversa com o pai de uma criança que me pedia uma entrevista para sua escola. O que eu disse a ela, a atitude dela, a minha emoção e a emoção do pai estão retratadas nesta canção, que se tornou uma das canções catequéticas mais tocadas e cantadas no Brasil e no mundo. De fato, como disse um bispo brasileiro, Dom Gregório Warmeling, há muitos anos, é um projeto de vida gracioso e exigente, mas difícil de viver. Resume a ascese cristã! Agradeço a Deus pela menina e pelos que entenderam esta catequese cantada!

Amou como ninguém jamais amou

Amou como ninguém jamais amou
Ouviu como ninguém jamais ouviu
Falou como ninguém jamais falou
Serviu como ninguém jamais serviu
Sofreu como ninguém jamais sofreu
Intensamente, serenamente
Não fez a guerra, não tirou sangue de ninguém
E se alguém tinha que morrer, que fosse ele
Não teve medo
Mostrou que a paz é dom maior
E pra fazê-la em muitos casos é preciso até morrer
Não procurou a cruz, mas não fugiu
Se isto é incomum, então Jesus é incomum
Ninguém fez mais, ninguém fez mais do que Jesus
Por nossa paz
(Canção de Pe. Zezinho scj).

Mater dolorosa

Tu, que ao sangue do teu filho
misturas tuas lágrimas
Tu, que sem perder teu brilho,
sufocas tuas mágoas
Tu que tens teu filho morto
nos teus braços de mulher
Ora pelas mães. Ora pelas mães
Pelas mães dos assassinos,
Pelas mães dos que morreram,
Todas elas vestem luto
Pois morreram com o filho
Ora pelas mães que estão sem paz
Pois nelas a violência dói bem mais (2x)
(Canção de Pe. Zezinho, scj).

O Deus que amou primeiro

A comunidade joanina trouxe até nós essa visão belíssima de Jesus. Alguém que nos amou antes que o amássemos (1Jo 4,1). A consequência dessa constatação é que nós também temos que dar o mesmo passo. Se não amamos os outros a quem vemos, não faz sentido dizer que amamos o Deus a quem não vemos (1Jo 4,20).

Foi por isso que, respondendo ao estudioso de teologia que lhe indagava sobre qual o maior mandamento, Jesus falou do dever de louvar e amar a Deus. É nossa primeira vocação neste mundo. Mas acrescentou de imediato uma resposta que o estudioso da Bíblia não esperava: "Há um segundo mandamento semelhante a esse". E disse que a lei se fundamenta nesses dois aspectos do mesmo amor. Amar a Deus supõe amar também o ser humano. Por isso João diz que, quem não consegue amar uma pessoa humana, não vai conseguir amar a Deus. Está vivendo uma mentira (cf. 1Jo 4,20).

Cabeça e coração no céu

Se meu leitor ainda não percebeu, reflita sobre este fato: a catequese cristã é uma ascese (*askesis*: treinamento) que educa para o amor em todos os sentidos.

Catechin significa repercutir a fé, passá-la adiante. Depende de princípios e doutrinas, mas também se prende fortemente a pessoas e pregadores.

Fui formado nos mesmos bancos de seminário e de faculdade que outros trinta ou quarenta colegas meus que hoje pregam a Palavra de Deus. Mas o tempo, as leituras e as experiências nos levaram a enfoques diferentes da fé católica. Alguns de nós, por causa dos professores que tivemos e dos livros que lemos, privilegiamos o enfoque "pensar e compreender". Outros, por movimentos pelos quais se encantaram, por livros e professores que decidiram seguir, optaram pelo enfoque "sentir e vivenciar". São dois enfoques envolventes.

É natural que as nossas pregações divirjam. A doutrina da Igreja é a mesma, mas com algumas nuances. Contudo, os enfoques são tão fortes que, quem puser as duas correntes, uma depois da outra, num púlpito, os fiéis de um lado e de outro, estranharão aquele tipo de catolicismo. No entanto, foi sempre assim. A Igreja teve São Clemente e Tertuliano, São Bernardo de Claraval e Pedro Abelardo, Meister Eckhart e Richard Rolle; e tem hoje, aqui no Brasil, a teologia da libertação e os grupos pentecostais e carismáticos. Cada lado dirá que o seu lado é mais eclesial. De fato é o que dizem.

A mesma Igreja que canonizou santos e pensadores católicos que viveram para compreender, explicar e aprofundar a fé, como Tomás de Aquino, Alberto Magno, Agostinho, Teresa de Ávila, também canonizou santos que trabalharam a vivência e a afetividade, como Teresinha de Lisieux, Padre Pio, João Maria Vianney e inúmeros santos que não eram muito ligados a livros e a estudos, mas viveram intensamente o que sabiam.

Entre nós a santidade se atinge pelo pensar, pelo viver e pelo fazer. Em alguns casos, os instrumentos de santificação foram os estudos e os livros, e em outros foram os joelhos esfolados, os dedos num rosário... Todos eles decidiram levar adiante o enfoque que mais os tocou. Enveredaram *ou pela mística de saber mais* ou *pela mística do sentir mais.*

Os dois enfoques não precisam ser opostos. Quem estuda mais tem a obrigação de chamar a atenção do irmão que não lê muito e sabe pouco. O irmão que não lê muito, mas vive intensamente o serviço aos irmãos, tem todo direito de exigir que o irmão mais instruído seja coerente na sua fé. *Há santos com livros e santos sem livros.*

É santa a humildade da irmãzinha religiosa que ora pelos enfermos, passa a vida cuidando de crianças ou dos mais carentes, enquanto dedilha seu rosário numa fé sem muita informação. Ela pratica o que sabe. E isto é melhor do que saber e não praticar. É santo o estudioso que se debruça sobre calhamaços e procura impregnar de mais filosofia e teologia a fé católica O cansaço de ambos aponta para a santidade de querer Deus mais amado e mais conhecido. *Interfiramos nos enfoques apenas quando saírem fora de foco.* Quem sabe mais, ensine. Quem vive mais, empolgue.

Treinar-se para a compaixão

As palavras *ascese, solidariedade, compaixão, caridade, misericórdia* podem não ter a mesma raiz, mas miram o mesmo objetivo. Ascese (*askesis*) é exercício, e exercício continuado até que a pessoa se torne competente naquilo que deseja conseguir. Trata-se de um treino para toda a vida.

Assim como é preciso treinar para que alguém se torne bom pianista, saxofonista, violonista, cantor, jogador e pregador, também é preciso treinar para praticar a caridade, a solidariedade e a compaixão. Ninguém nasce compassivo, todos nascem carentes.

Depois de um tempo vendo os exemplos de mãe e pai e da família, a criança aprende a renunciar, sentir dó, querer ajudar. Quer ganhar carinho, mas retribui e enche os pais e os irmãos de gestos, de beijos e de carinho. A família contribui enchendo uma criança de beijos e abraços. Com isso ela está sendo treinada para ser solidária.

Sem este treino, ninguém se torna compassivo e misericordioso. A ascese cristã é um curso continuado de importar-se com as necessidades e com as alegrias dos outros.

Misericórdia antes e depois

O pregador que pintou Jesus e sua mensagem como de um Deus pleno de misericórdia, e o judaísmo como o de um Deus justiceiro e implacável, ou foi ignorante ou foi maldoso.

Uma leitura atenta do Antigo Testamento mostra as dúvidas e as asserções de um povo aprendiz, que ora acentuava a justiça implacável, ora a consoladora misericórdia de Javé. Mas o que emerge é a misericórdia! Quem pintasse Jesus como bonzinho e perdoador e omitisse as duras sentenças dele contra os injustos, mentiria. O que mais emerge em Jesus é a compaixão, mas ele soube mostrar sua ira e sua justiça. Basta ler os capítulos 23 e 24 de Mateus!

Jamais perdoarei

Algumas histórias de perdão não concedido chegam a ser trágicas. Um sacerdote contou-me esta que aconteceu nos EUA, no tempo em que lá estudava. Uma senhora, cujo filho fora atropelado pelo filho do vizinho, tomou-se de tal ódio por aquela família que, onde podia, falava mal, prejudicava e dava a entender que era uma família de assassinos. Fantasiou a história de tal maneira que, quem a ouvia, tinha impressão de que o rapaz passara intencionalmente por cima de seu filho pequeno e que a família o defendera e, no fundo, ria da sua cara. Mudou de bairro, mas continuou falando.

A família nunca tomou providências porque, de fato, estava arrependida e triste pelo acontecido; o rapaz, na verdade, inadvertidamente atingira a criança que saíra correndo atrás de uma bola; na verdade, fora a criança que se jogara debaixo de seu carro, e não ele que jogara o carro contra a criança. Mas a mãe não quis ouvir essa versão confirmada por vários vizinhos. Dezoito anos depois, o filho menor, já crescido, ganhou seu carro. História triste! Ele também, em velocidade, numa estrada vicinal, acabou atropelando uma menina que correra atrás de seu cãozinho; aí o discurso daquela mãe foi outro: "Meu filho não queria matá-la, foi sem querer, ele não teve essa intenção".

O fato é que nunca mais se ouviu esta senhora falar mal da outra família, porque a mesma dor que doeu na outra família, doeu nela também. Ver um filho na iminência de ir para a prisão mudou muito a cabeça da mãe acusadora. Por isso e por outras razões, precisamos tomar muito cuidado com a frase: "Jamais perdoarei".

Amanhã talvez precisemos de perdão e alguém fará o mesmo conosco, jamais nos perdoará. Não há ninguém que não precise hoje mesmo de perdão ou que não venha precisar de mais perdão no futuro. Estamos todos sujeitos ao erro.

Amar, perdoar e pedir perdão

Se você tem dificuldade de perdoar e pedir perdão, entre para o clube dos aprendizes. Quem não sabe perdoar e pedir perdão, não vive nem convive bem! É um dos maiores mandamentos da fé cristã.

Errar, todos erramos. Uns mais, outros menos. Desde criança precisamos aprender a pedir e a dar perdão. Sem isso, nosso crescimento como pessoa deixa a desejar. Pessoas raivosas, vingativas, assassinas, que juram que jamais vão perdoar, que desejam a morte do outro e não descansam até dar o troco, não sabem o que é ter paz. E não sabem ser felizes. Não relevam e por isso não se elevam.

Nossa ira revela quem somos e qual é o nosso potencial destrutivo. Nosso perdão revela nosso potencial construtivo. Quem diz que tem dificuldade de perdoar, mas gostaria de conseguir perdoar, é melhor do que o outro que diz que não tem a menor disposição de perdoar este ou aquele desafeto. "Fez, vai pagar!" Não pensa no fato de que o mesmo pode acontecer com ele.

Um taxista, que jurou matar o rapaz que assassinou seu filho, disse que o perseguiria até o fim do mundo. Jamais o perdoaria. Três meses depois bateu o carro e matou uma mulher e uma criança que estavam no carro que vinha na outra pista. Foi a vez do outro que perdeu esposa e filho decidir se mataria ou se perdoaria. Católico de comunhão quase diária, ele perdoou o taxista ao saber do filho assassinado.

O taxista procurou um padre e pediu perdão a Deus e à Igreja pela sua ira. Ajudou o acidentado a terminar sua casa, dizendo que o mínimo que poderia fazer era ajudá-lo nos fins de semana, até porque o estouro do pneu não fora culpa sua. Aprendeu a perdoar e a pedir perdão, mesmo sabendo que não tinha culpa. Jesus disse a mesma coisa em várias parábolas. O samaritano também não tinha culpa, mas, levado pela compaixão, assumiu o tratamento do homem torturado por ladrões. E Jesus disse: "Porque, se perdoardes aos homens as suas ofensas, também vosso Pai celestial perdoará a vós. Se, porém, não perdoardes aos homens as suas ofensas, também vosso Pai não vos perdoará as vossas ofensas" (Mt 6,14-15).

Se cremos nas pregações de Jesus, esta é uma das mais exigentes!

Quantas vezes perdoar?

Foi de Pedro uma das perguntas mais profundas que podemos imaginar: "Senhor, se meu irmão me ofender, quantas vezes eu devo perdoá-lo?".

Jesus, respondendo à resposta que Pedro antecipadamente dera: "Sete?", disse: "Não, Pedro, põe setenta vezes nisso. Setenta vezes sete vezes". É claro que Jesus não estava dizendo que, depois de setenta vezes sete, já não temos mais que perdoar. Certamente ele estava, na sua metáfora, dizendo que é preciso perdoar sempre, multiplicar o perdão infinitamente.

Lembro-me de uma aula de catequese que eu dava, quando era mais jovem, e uma menina, muito engraçada por sinal, ao ler a passagem disse: "Ai que bom, já perdoei setenta vezes sete a minha irmã; na próxima, já posso dar um tapa na cara dela, porque Jesus permite que a gente, depois de setenta vezes sete, passe para as vias de fato".

Todo mundo riu, e eu lhe disse: "Você mesma não acredita nisso", e ela disse: "Pior que não, eu sei que ele está querendo dizer que é sempre".

Na verdade é muito difícil perdoar, é muito difícil o exercício de tolerar alguém intolerante e intolerável. Dói, a gente tem medo, se esconde daquela pessoa, não quer mais encontrar, porque ela machucou e, se tiver chance, vai machucar de novo.

Então a gente se recolhe num canto e deixa passar até a próxima oportunidade em que tal pessoa se aproximar de nós. Claro que não sabemos se agredimos, se revidamos, e, porque somos cristãos, preferimos calar e fugir para a briga não aumentar.

Há pessoas a quem é fácil perdoar, porque elas aceitam ser perdoadas, e há pessoas a quem é muito difícil perdoar, porque ou não aceitam ou abusam, e é por isso que Jesus disse que "o Perdão não depende do outro, mas de nós".

Assunto difícil esse de perdoar. Não sei se você já passou por isso. Se passar, peça forças, porque não está na nossa natureza perdoar. Perdoar é coisa divina.

Amém.

Não conseguiram perdoar

Parece que se amavam. É o que os amigos diziam. Viviam juntos em toda parte e beijavam-se cinematograficamente. Daria um lindo casamento.

Mas um ano depois estavam separados e irreconciliáveis. Ele dizia que ela o traíra e ela garantia que ele a traíra primeiro. Ela achou uma calcinha no carro dele e ele revidou dizendo que ela fora vista aos beijos num restaurante com um antigo colega de faculdade. Ele explicou a calcinha no seu carro e ela explicou o lanche no *shopping* no qual não houve nada de beijos.

Restava aos dois perdoar e dar uma chance. Mas a calcinha no carro pesou demais e o tal beijo no *shopping* que ninguém viu, exceto "alguém" que nunca se apresentou, acabou com a relação.

Milhares de casais já passaram por isso. Restou aos dois dar uma chance ao outro e dar tempo para provar que não foi o que ela pensou ou que ele pensou e ouviu. Mas não conseguiram perdoar-se. Estão separados. Que pena! Amor que não deu certo porque os dois não conseguiram confiar um no outro ou darem-se mais uma chance.

O casamento durou três dias

Casaram-se no sábado e viajaram em lua de mel na mesma noite. Na quarta-feira ele voltou irado e devolveu a esposa para os pais. Fora enganado. Descobriu que ela não era virgem.

Ele com vinte e cinco anos e ela com dezoito. Houve mentira da parte dela e a união acabou ali mesmo. Um ano depois ele estava casado com outra. E uma tia dele, com drama de consciência, contou a verdade. Ele já fora amasiado no Nordeste e dormira com uma prima dela. Mas quando a jovem esposa, na noite de núpcias, revelou que não era virgem, o farisaico marido a devolveu como se ele também fosse um donzelo intocado...

É, pois é! Homem pode, mas mulher não pode! Ela tornou a se casar com outro rapaz; estão muito bem com dois filhos e uma filha. Quanto ao "donzelo", já está na quarta companheira!... E dizem que ele está convertido a Jesus! Talvez esteja, mas está devendo explicação a sua Igreja e aos pais para cuja casa ele devolveu a jovem esposa, como se fosse melancia estragada!

Ganhou-se em quantidade e perdeu-se em qualidade

Não sou leitor de só um livro e não me baseio apenas num só autor, mas, se leio dez ou quinze livros num ano, ou manuseio quarenta deles, e acho lá o que eu preciso para minhas conferências, para meu trabalho de escritor, conselheiro ou de pregador, faço questão de passar para meus leitores a riqueza que às vezes tenho em mãos por apenas o preço de uma refeição. É alimento para minha cultura e para minha alma durante muitos meses ou anos, pelo preço de um almoço.

Falo de Zygmunt Bauman e de Jean Baudrillard, cujos livros têm aprofundado minhas reflexões sobre o mundo que nos escapa pelos dedos ao manusearmos o controle remoto ou o teclado de nossos aparelhos cada dia mais sofisticados. Nossos dedos tornam-se mais espertos do que nosso coração e nosso cérebro. Vemos muito e em grande quantidade e assimilamos pouco e sem qualidade. É o que disse Zygmunt Bauman num dos seus livros: *44 cartas do mundo líquido moderno*.

Em livros que qualquer esposo, esposa, pai e mãe consegue entender, eles falam com profundidade das lacunas e dos vazios da nossa sociedade, que troca a qualidade de vida pela histeria da quantidade de emoções e de experimentos. Não que a quantidade não seja importante, mas, quando ela é tudo o que queremos, fazemos como o glutão e o beberrão que enchem o estômago e, se depois passam mal, é porque não assimilaram o que comeram ou beberam.

São sociólogos e filósofos que nos prestam enorme serviço com suas análises precisas e corajosas. São autores que, como Bauman, falam de sexo virtual, de casais que não se bastam, de troca de parceiros em poucos anos e até em poucos meses, da orgia da nova sexualidade, da troca de gênero, da loucura de banheiros mistos em rodoviárias e *shoppings*, da geração Y, da adoração dos cromossomos, do surgimento das meninas-moças, do moto-contínuo da moda, do anseio doentio por mudar o corpo ou vestir-se de outro gênero, do consumo *versus* consumismo, da volúpia da velocidade, do vício de comprar o que será descartado em poucos dias, da pseudoelite cultural a serviço de partidos alienantes e massacrantes, dos ciclos de crise e de depressão que todos os povos enfrentam.

Aconselho a quem me lê que procure tais autores. Entenderão melhor a desorganização planejada e projetada por autores ou líderes militantes, também eles perdidos em conceitos que não entendem. Muitos deles leem somente os da sua ideologia, da sua fé ou do seu grupo social. E seus gurus que pregam nas cátedras de universidades ou nos templos de novas igrejas gastam mais tempo demolindo do que construindo novos modos de pensar.

E não esqueçamos os pregadores com pinta de lindos profetas recém-recauchutados e formatados, que pregam em velhos púlpitos de maneira ultrapassada, como se suas igrejas não tivessem aprendido nada em dois mil anos. Pregar de maneira nova pode ser bom e louvável, desde que digam coisa com coisa. Mudar o reboco da nova capela que exala cheiro de tinta nova pode ajudar o visual, mas, se o som continua horrível, se os cantos continuam cheios de mesmice e se a liturgia continua um eterno autoelogio, não se trata de nova igreja, e sim de um novo reboco com novas tintas. Mas nem o templo nem o pregador mudaram. Diga-se o mesmo de algumas universidades, onde o aluno aprende a contestar, mas não aprende a pensar seu futuro.

A volúpia da multiplicação de atos sem mudança de atitudes acontece onde muito se fala e pouco se pensa. O perigo dos gurus famosos é que muitos dos seus seguidores tornam-se guris diante do guru. E não aceitam pensar a não ser com os chavões do guru, do seu movimento, do seu púlpito e do seu partido. Até a linguagem torna-se uma fábrica de lajotas políticas e espirituais. Não espere pensamento desses discípulos. Não os têm. São repetidores de conceitos mal assimilados.

Procuram-se casais que pensem juntos enquanto jantam e dormem juntos e que ensinem seus filhos e filhas a pensar. Não sendo assim, vai vencer o líder partidário, o líder sindical e o pregador que apenas lê e recita sua Bíblia, e esta apenas com a tradução da sua Igreja, e despreza qualquer conhecimento que não seja o seu ou o do seu grupo. Tenham medo do Boko Haram, do Isis ou Estado Islâmico, dos acachapadores de famílias e de religiosos e políticos que vivem convertendo os outros, mas não aceitam que eles mesmos precisam de conversão! O mundo está cheio de mestres que adoram pregar, mas não aceitam ouvir a pregação dos outros.

A um casal sem filhos

Dedico este poema de última página a um casal amigo meu, que, depois de catorze anos de casamento, não tem filhos. Não deu certo aquele sonho, isto é, deu certo pela metade. No seu coração resignado há uma dor que só quem espera um filho que não veio sabe como dói.

Vocês dois se amam profundamente, mas o sonhado filho não veio. Já viram todos os médicos, tentaram todos os recursos, já pediram milagre, há centenas de pessoas que oram com vocês, mas o sonhado filho não veio. Estará lá guardado na mente de Deus, para quem sabe um dia, se isso ainda for possível! Se não for para ser, vocês aceitarão, como estão aceitando. Mas que dói, isto dói.

Eu sei disso, vocês sabem disso. Não é a mesma coisa, foi o que vocês me disseram. Vocês se casaram porque se amavam muito e queriam viver juntos e chorar e sorrir juntos, e no "junto" estavam as brincadeiras com o menino ou a menina que vocês até já imaginavam que rosto teria. Mas eles não vieram, nem ele, nem ela. E aí estão vocês com catorze anos de casados e nada!

Outros casais na mesma situação adotaram e deu certo, e aquela sua parenta abortou. Vocês querendo tanto um filho e ela abortou porque não aguentaria mais um...! Outros casais que adotaram dizem que valeu a pena. Mas vocês não quiseram arriscar por razões suas.

Posso dizer uma coisa? Na fazenda de um amigo meu havia uma mangueira que não dava mangas, mas era mangueira. Protegia a casa do calor, exalava aquele perfume de mangueira, dava flores, que não geravam frutos, mas muitos amores começaram debaixo da sua proteção.

Quem disse que ela não deu frutos? Quem pode dizer que vocês não deram frutos? Oro por vocês! Sou o Padre Zezinho falando e orando com todos aqueles que não conseguiram ter filhos. Oro para que possam realizar seus sonhos, se ainda for possível. E se não acontecer o sonhado filho das suas entranhas, que saibam descobrir outro jeito de exercer sua paternidade e sua maternidade. Quem crê, Deus sabe que há muitas maneiras de ser pai ou mãe.

E aqui terminam estas páginas

Você certamente tem mais a dizer do que eu. E provavelmente teria começado e terminado este livro de outra maneira. Mas comecei falando da suave e difícil arte de amar e terminei falando de misericórdia e de perdão. É o que meu ministério pastoral me ensinou.

O que eu sei é que há amores que deram certo e amores que não deram certo. Por um tempo foi visto como amor e depois deixou de ser. Em muitíssimos casos foi preciso outro amor e três ou quatro amores até que a pessoa sossegasse o facho.

E há também os muitíssimos casos dos que escolheram uma pessoa para toda a vida, houve aprendizado, ajustaram-se, perdoaram-se, amaram-se por décadas de abraços e de admiração. A chama nunca se apagou e nunca se transferiu para outra vela.

Por isso dei a este livro o título: *Amores que deram certo: amor que não deu certo.* Escrevi para os que têm dificuldade de ler livros muito eruditos. Mas indico ao fim deste livro muitos títulos que talvez ajudem a sua cultura e seu desejo de aprofundar a sua arte de amar.

E o leitor não esqueça Jesus, sua mãe Maria e os santos que se formaram na escola do Evangelho. Eles amaram como Jesus amou. E, se não conseguiram tudo, amaram o suficiente para merecer o título de santos, entre milhares de casais, namorados, pais, mães, jovens, anciãos, bispos, padres, freiras, leigos consagrados, pastores e religiosos de todas as igrejas que entenderam a proposta de Jesus.

"Dou-vos um novo *mandamento*: 'Que vos ameis uns aos outros; como eu vos amei, para que também ameis uns aos outros'" (Jo 13,34).

A seu dispor, enquanto o bom Deus me inspirar; é isso que tentarei fazer com e pelos casais cristãos ou em busca de um amor mais sereno, mais gratuito e mais gratificante.

JOSÉ FERNANDES DE OLIVEIRA

PE. ZEZINHO SCJ

Conheça estes livros

BAUDRILLARD, Jean. *A transparência do mal*. Campinas-SP: Papirus, 2010.

_____. *Simulacros e simulação*. Lisboa: Antropos, 1991.

BAUMAN, Zygmunt. *Danos colaterais*: desigualdades sociais numa era global. Rio de Janeiro: Zahar, 2013.

_____. *44 cartas do mundo líquido moderno*. Rio de Janeiro: Zahar, 2011.

_____. *Medo líquido*. Rio de Janeiro: Zahar, 2008.

BROWN, Louise. *Sex Slaves*. London: Virago, 2002.

BURGESS, Wes. *Transtorno bipolar*. São Paulo: Gaia, 2010.

COELHO, Mario Marcelo. *Ética cristã e pós-humanismo*. Aparecida-SP: Santuário, 2015.

CONGREGAÇÃO para a Doutrina da Fé. *Documento*. CNBB, 1965-2010.

JAEGER, Werner. *Paideia: a formação do homem grego*. São Paulo: Martins Fontes, 2010.

MARTINS, Ives Gandra da Silva (Coord.). *Direito fundamental à vida*. São Paulo: Quartier Latin/CEU, 2005.

PAUL, Pamela. *Pornificados*. São Paulo: Cultrix, 2006.

PINHEIRO, Marília P. Futre. *Mitos e lendas da Grécia antiga*. Lisboa: Livros e Livros, 2007.

PONTIFÍCIO CONSELHO para a Família. *Lexicon*. Brasília-DF: Edições CNBB, 2007.

STEARNS, Peter N. *História da sexualidade*. São Paulo: Contexto, 2010.

Rua Dona Inácia Uchoa, 62
04110-020 – São Paulo – SP (Brasil)
Tel.: (11) 2125-3500
http://www.paulinas.com.br – editora@paulinas.com.br
Telemarketing e SAC: 0800-7010081